Wenn das Leben zur Last wird

M. Ebert

Dr. Rolf Merkle

Wenn das Leben zur Last wird

Ein praktischer Ratgeber
zur Überwindung seelischer Tiefs
und depressiver Verstimmungen

Die Deutsche Bibliothek – CIP-Einheitsaufnahme

Merkle, Rolf:
Wenn das Leben zur Last wird : ein praktischer Ratgeber zur
Überwindung seelischer Tiefs und depressiver Verstimmungen /
Rolf Merkle. – 9. Aufl. – Mannheim : PAL, 2001
 ISBN 3-923614-47-0

© PAL Verlag GmbH Mannheim 1991
Herstellung: C. Bockfeld

Inhalt

Einleitung

Wenn Ihnen Depressionen das Leben zur Qual machen und Sie keine Freude mehr empfinden können, dann habe ich für Sie eine gute Nachricht: Sie können lernen, Ihre Depressionen zu überwinden. Sie können lernen, wieder mehr Freude am Leben zu haben und aktiv daran teilzunehmen.

Auch wenn Ihnen im Moment alles grau in grau erscheint und Sie kaum noch Hoffnung haben, jemals wieder aus diesem Stimmungstief herauszukommen, ich kann Ihnen versichern, daß es Hilfe gibt. Bei der Überwindung Ihrer depressiven Verstimmungen können Ihnen - wie Tausenden anderer vor Ihnen - die sehr wirkungsvollen Methoden der Kognitiven Verhaltenstherapie helfen, die ich Ihnen in diesem Ratgeber aufzeige.

„Kann ich meine Depressionen alleine durch das Lesen dieses Buches überwinden?"

Nein. Das Lesen alleine wird Ihre Depressionen nicht vertreiben. Durch das Lesen alleine können Sie bestenfalls wieder Mut und Hoffnung schöpfen. Wenn Sie Ihre depressiven Verstimmungen aus Ihrem Leben verbannen möchten, dann müssen Sie das Gelesene auf sich anwenden. Sie müssen die Übungen machen, die ich Ihnen vorschlage, und Sie müssen täglich üben.

==

Es wird sich nur etwas ändern, wenn Sie es ändern.

==

Sie müssen also aktiv dazu beitragen, daß es Ihnen besser gehen kann. Was genau Sie tun können, um Ihre Depressionen zu besiegen, zeige ich Ihnen Schritt-für-Schritt.

Es genügt also nicht, das Buch nach einmaligem Lesen beiseite zu legen und wie bei einer Tablette darauf zu warten, daß es Ihnen besser geht. Dieses Buch wird Ihnen nur dann eine Hilfe im Kampf gegen Ihre Depressionen sein, wenn Sie meine Ratschläge beherzigen und auf sich und Ihre Probleme anwenden. Das bedeutet, daß Sie dieses Buch von heute an für die nächsten Wochen zu Ihrem ständigen Begleiter machen. Versprochen?

„Kann ich mir alleine helfen oder brauche ich die Unterstützung eines erfahrenen Therapeuten?"

Je nach Schwere Ihrer Depressionen bedarf es mehr als des guten Willens und dieses Buches. Wenn Sie das Gefühl haben, alleine mit diesem Buch nicht voranzukommen, dann ist das kein Beweis dafür, daß Sie ein hoffnungsloser Fall sind.

Daß Sie keine Fortschritte machen oder nach anfänglichen Fortschritten wieder Rückschläge erleiden, ist nur ein Beweis dafür, daß es für Sie besser wäre, mit Hilfe eines erfahrenen Therapeuten Ihre Probleme anzugehen. In diesem Fall sollten Sie sich ein Herz fassen und einen der aufgeführten Therapeuten anrufen, die ich Ihnen am Ende dieses Buches nenne. Viele dieser Therapeuten können über die Kasse abrechnen. Diese Kollegen arbeiten mit der <Kognitiven Verhaltenstherapie>, eine der modernsten und wirksamsten Therapiemethoden im Kampf gegen Depressionen. Auch die Tips und Hilfestellungen dieses Buches beruhen auf dieser Therapiemethode.

Wichtige Hinweise für das Durcharbeiten dieses Selbsthilfe-Programms

Um von einem Selbsthilfe-Programm möglichst viel zu profitieren, müssen Sie es auf eine bestimmte Weise durcharbeiten. Beherzigen Sie deshalb bitte die nachfolgenden Tips, die ich Ihnen für das Lesen und Durcharbeiten dieses Buches gebe.

1. Lesen Sie das Buch zunächst einmal in einem Rutsch durch, um sich mit dem Inhalt etwas vertraut zu machen.

2. Reservieren Sie sich täglich mindestens 2x30 Minuten, in denen Sie sich intensiv mit diesem Buch beschäftigen. Wählen Sie eine Uhrzeit am Morgen und eine am Spätnachmittag oder Abend aus. Da bei vielen depressiven Menschen das Stimmungstief am Morgen am schlimmsten ist, empfehle ich Ihnen, morgens vor allem den <Hoffnungstext> von Kapitel 3 zu lesen und das täglich, solange bis es Ihnen wesentlich besser geht. Abends oder am Spätnachmittag, wenn Ihre Stimmung aufgehellt ist und Sie sich besser konzentrieren können und aufnahmefähiger sind, empfehle ich Ihnen, dieses Programm Kapitel für Kapitel durchzuarbeiten. Lassen Sie sich nicht erschüttern, wenn Sie sich zunächst nur wenig aus den einzelnen Kapiteln merken können. Mit jedem Mal mehr, wo Sie den Text lesen, werden Sie sich mehr einprägen können. Bei einer Depression kommt es sehr häufig vor, daß Konzentration und Merkfähigkeit nachlassen.

3. Ganz wichtig: Machen Sie die Aufgaben, die ich Ihnen in den einzelnen Kapiteln gebe. Diese Aufgaben sind wichtige Schritte in ein depressionsfreies Leben. Bedenken Sie bitte: Depressionen zu überwinden erfordert Geduld und Training. Ich weiß aus der Erfahrung mit vielen Patienten, daß es Ihnen möglich ist, Ihre Depressionen aus Ihrem Leben zu vertreiben - aber es gibt keine an Wunder grenzende Heilung für Ihre Depressionen. Depressionen zu überwinden dauert seine Zeit. Auch werden Sie erleben, daß es Ihnen mal besser und mal schlechter gelingt, Ihre Depressionen unter Kontrolle zu bringen. Das ist normal. Nach vielleicht einigen guten Tagen werden Sie garantiert auch wieder ein Stimmungstief erleben. Das geht Ihnen so, das geht jedem depressiven Menschen so. Das liegt in der Natur der Depressionen. Kein Grund also, an sich oder diesem Programm zu zweifeln.

4. Am Ende vieler Kapitel finden Sie unter der Überschrift <Was möchte ich mir merken> fünf freie Zeilen. In diese Zeilen tragen Sie bitte ein, was Ihnen in diesem Kapitel wichtig erschien. Diese kleine Zusammenfassung, die Sie in Ihren eigenen Worten machen, zeigt Ihnen, wieviel Sie sich gemerkt haben - und das ist für Sie enorm wichtig. Wenn Sie feststellen, daß Sie sich an kaum etwas aus die-

sem Kapitel erinnern können, - und das ist sehr gut möglich, da depressive Menschen unter Merkfähigkeits- und Konzentrationsproblemen leiden - dann sollten Sie sich dieses Kapitel öfters durchlesen. Sie können nicht von einem Wissen profitieren, das Sie nicht haben.

Ich wünsche Ihnen die Ausdauer und die Kraft, wieder mehr Freude in Ihr Leben zu bringen. Sie können es schaffen. In Gedanken bin ich bei Ihnen.

Dr. Rolf Merkle

Es gibt Hoffnung für Sie.
Sie können Ihre Depressionen überwinden.

1
Wie sich Depressionen äußern

Depressive Verstimmungen äußern sich in vielerlei Gestalt und in unterschiedlicher Ausprägung. Wenn man depressiv ist, dann macht sich das in vielen Bereichen der Persönlichkeit und des Alltags bemerkbar. Man denkt, fühlt und handelt anders und das körperliche Befinden verändert sich. Schauen wir uns zunächst an, welche Formen depressiver Verstimmungen es gibt.

Die wichtigsten Arten von Depressionen

1. Reaktive Depression
Diese Form von Depression wird auch häufig als psychogene Depression bezeichnet. Sie tritt dann auf, wenn wir Ereignisse wie den Verlust des Partners oder der Arbeitsstelle, die Pensionierung, eine berufliche Enttäuschung, finanzielle Probleme oder eine Ablehnung seelisch nicht angemessen verarbeiten. Es sind nicht die Verlust- und Trennungserlebnisse als solche, die uns depressiv machen, sondern die Art und Weise, wie wir mit ihnen umgehen. Diese Form depressiver Verstimmungen ist am weitesten verbreitet, d.h. die meisten Menschen, die unter Depressionen leiden, haben eine reaktive Depression - also sehr wahrscheinlich auch Sie, liebe Leserin, lieber Leser.

2. Erschöpfungsdepression
Diese Form tritt häufig bei lang andauernder psychischer Überlastung auf, etwa bei fortwährender Überlastung in der Familie oder im Beruf, bei länger anhaltenden Konflikten in der Ehe oder Familie.

3. Endogene Depression
Diesen Begriff verwendet man für Depressionen, bei denen man keine psychischen Ursachen feststellen kann, bei Depressionen also, bei denen man nicht genau weiß, woher sie kommen. Als Ursache für diese

Form von Depressionen nimmt man chemische und hormonelle Faktoren an. So weiß man, daß bei manchen depressiven Menschen der Serotoninspiegel gesenkt ist. Verabreicht man diesen Menschen Serotonin, dann bessert sich die Stimmung. Unklar und überhaupt nicht geklärt ist jedoch, ob der zu geringe Serotoninspiegel die Ursache für die Depression ist, oder ob sich die Menge des Serotonins erst im Laufe der depressiven Verstimmung verringert hat. Im allgemeinen wird diese Form der Depression überwiegend mit Medikamenten behandelt.

Eine besondere Form dieser Art von Depressionen ist die manisch-depressive Form. Die Stimmung schwankt zwischen himmelhochjauchzend und zu Tode betrübt. Der manisch depressive Mensch kann Tage oder gar Wochen in einer besonders euphorischen und aufgedrehten Stimmung sein, um dann von einem Tag auf den anderen in ein tiefes Loch zu fallen. Bei dieser Erkrankung ist eine medikamentöse Behandlung unumgänglich. Mit Hilfe geeigneter Medikamente lassen sich die Stimmungsextreme lindern. Eine zusätzliche psychotherapeutische Behandlung kann in solchen Fällen gute Dienste leisten.

Die allerwenigsten Menschen leiden jedoch unter endogenen Depressionen. Die weitaus am häufigsten vorkommende Form von Depressionen ist die reaktive oder psychogene Depression. Wenn Ihr Arzt Ihnen sagt, Sie würden unter einer endogenen Depression leiden, und Sie nur mit Medikamenten behandelt, dann empfehle ich Ihnen dringend, sich an einen Diplom-Psychologen zu wenden und dessen Ansicht zu hören.

Gibt es eine depressive Veranlagung?

Immer wieder ist zu lesen, daß Depressionen vererbt werden oder zumindest genetisch mitbedingt sind und deshalb die einzige Hilfe darin bestünde, Medikamente zu nehmen.

Ich bin anderer Auffassung. In meiner langjährigen Praxis habe ich keinen einzigen depressiven Menschen gesehen, bei dem ich sagen würde, seine Depressionen seien vererbt gewesen, und die meisten meiner Kollegen stimmen mir sicherlich zu.

Viele Frauen, die in den Wechseljahren sind, klagen über Depressionen. Ihre Depressionen gehen jedoch nicht auf die biologische Umstellung in ihrem Körper zurück, sondern darauf, daß sie sich minderwertig fühlen. In ihren Augen verlieren sie etwas, das sehr wichtig ist, und fühlen sich deshalb nicht mehr vollwertig. Auch ist es in diesem Lebensabschnitt häufig so, daß die Kinder aus dem Haus gehen und eine große Leere und Stille eintritt. Viele Frauen kommen sich nun überflüssig und nutzlos vor. Sie haben eine Aufgabe verloren, die ihnen lange Jahre einen Sinn im Leben gegeben hat.

Sind Medikamente sinnvoll?

Auch heute greifen viele Ärzte immer noch zum Rezeptblock und verordnen ein Anti-Depressivum (Limbatril, Saroten, Ludiomil, usw.), wenn ein depressiver Mensch in ihre Praxis kommt. Ja, oftmals besteht die einzige Therapie darin, jahrelang ein solches Mittel zu verschreiben - mit dem Erfolg, daß der Patient zum Teil sehr starke Nebenwirkungen (z.B. Sehstörungen, Mundtrockenheit, Verstopfung, Herzrhythmusstörungen, ständigen Harndrang usw.) verspürt oder gar von dem Medikament abhängig wird, *ohne* daß eine Heilung eintritt.

Medikamente können Depressionen nicht heilen, sie können lediglich die Symptome erträglicher machen. Ich bin nicht generell gegen solche Medikamente eingestellt, aber ich bin der Meinung, daß sie eine Psychotherapie nicht ersetzen können.

Ein manches Mal ist es zu Beginn einer Therapie hilfreich, wenn ein depressiver Mensch Medikamente nimmt. Dies erleichtert ihm, die Therapie besser aufnehmen zu können. Auf keinen Fall jedoch sollten Sie sich damit zufriedengeben, wenn Ihr Arzt Ihnen als einzige Therapie lediglich Medikamente verschreibt. In einem solchen Fall sollten Sie sich *von sich aus* zusätzlich an einen Psychotherapeuten wenden. Medikamente können keine Depression heilen, da sie nicht an den (psychischen) Ursachen ansetzen. Sie können lediglich die Symptome lindern, indem sie antriebssteigernd, stimmungsaufhellend oder beruhigend wirken.

Wer wird depressiv?

Depressionen findet man bei jung und alt, bei arm und reich, beim Gemüsehändler um die Ecke ebenso wie beim Chef einer großen Firma. Von drei depressiven Menschen sind zwei Frauen, d.h. weitaus mehr Frauen als Männer leiden unter Depressionen. Depressionen gehören zu den häufigsten psychischen Störungen. Schätzungen zufolge leiden in der BRD drei Millionen Menschen an Depressionen.

Sie sind also nicht der einzige Mensch,
der unter Depressionen leidet - auch wenn Sie bisher
geglaubt haben, nur Sie seien davon betroffen und allen
anderen Menschen ginge es gut.

Wie äußern sich Depressionen?

Depressionen wirken sich auf das Denken, Fühlen, Handeln und das körperliche Befinden aus.

1. Denken
Das auffälligste Merkmal aller depressiven Verstimmungen ist das negative und pessimistische Denken. Die Gedanken kreisen fast unentwegt in negativer Weise um die eigene Person, die Mitmenschen und die Zukunft. Depressive Menschen quälen sich mit Selbstvorwürfen und Schuldgefühlen. Sie haben ein sehr negatives Bild von ihrer Person. Sie betrachten ihr Leben als sinnlos und glauben, nie mehr glücklich oder gesund werden zu können. Die Folge dieser negativen Gedanken sind starke negative Gefühle. Die Konzentration ist beeinträchtigt und der depressive Mensch hat Schwierigkeiten, sich etwas zu merken. Er kann sich nicht entscheiden und verbringt sehr viel Zeit mit Grübeln. Die Gedanken kreisen oft um das immer wieder gleiche

Thema, etwa daß alles sinnlos ist oder er ein Versager ist.

2. Gefühle

Depressive Menschen empfinden nicht nur Trauer, wie sie beim Verlust eines geliebten Menschen auftritt. Trauer ist eine angemessene Reaktion auf einen Verlust, die man nach einer gewissen Zeit wieder überwindet. Anders bei Depressionen. Hier kann die Niedergeschlagenheit über sehr lange Zeit andauern und sie kann sich im Laufe der Zeit verstärken. Die Gefühle werden immer bedrückender, immer lähmender. Hinzu kommen sehr starke Schuld- und Minderwertigkeitsgefühle, die sehr bedrängend und vorherrschend sind. Eine große Lustlosigkeit macht sich breit. Gefühle der Freude und des Befriedigtseins verkümmern und an deren Stelle treten massive Gefühle der Unlust und der Sinnlosigkeit. Auch Angstgefühle können auftreten: Angst vor der Zukunft, Angst davor, nie wieder gesund zu werden, Angst davor, aufgrund der Belastung für die Familienmitglieder abgelehnt oder gar im Stich gelassen zu werden. Eine innere Unruhe bis hin zu starker Erregung kann es dem depressiven Menschen schwer machen, still zu sitzen. Er fühlt sich getrieben und rastlos.

3. Handeln

Depressiven Menschen ist alles zuviel und ihnen geht alles schwer von der Hand. Sie brauchen länger für ihre Arbeit und sie schieben Arbeiten auf. Sie geben alte Hobbies und Interessen auf, weil sie an ihnen keinen Gefallen mehr finden. Sie kapseln sich ab und ihr Kontakt zu ihrer Umwelt geht auf ein Minimum zurück.

4. Körperliches Befinden

Depressive Menschen fühlen sich schlapp und energielos. Sie können entweder sehr schlecht schlafen oder haben ein großes Schlafbedürfnis. Sie essen mehr als üblich oder leiden an Appetitlosigkeit. Auch kann die Lust auf Sexualität verloren gehen. Daneben können sich eine Reihe körperlicher Beschwerden einstellen wie Kopf-, Magen-, Rücken- und Herzschmerzen. Es kann zu Verstopfung, aber auch zu Durchfall kommen. Menschen, die sehr depressiv sind, erscheint das Aufstehen am Morgen und das Ankleiden als eine beinahe unüberwindliche Aufgabe.

Die Methoden der Kognitiven Verhaltenstherapie, die ich Ihnen in diesem Buch vorstelle, sind ein wirksames Mittel, um Ihre negativen Gedanken und Gefühle besser unter Kontrolle zu bringen. Mit ihrer Hilfe werden Sie lernen, Schritt-für-Schritt mehr Freude in Ihr Leben zu bringen.

Packen Sie ein Problem nach dem anderen an

Wenn Sie deprimiert sind, leiden Sie unter den verschiedensten Problemen. Sie haben große Schuld- und Minderwertigkeitsgefühle, Sie ziehen sich von Bekannten und Freunden zurück, Ihr Körper funktioniert nicht mehr reibungslos, Ihre Konzentrationsfähigkeit ist schlecht, Sie können schlecht schlafen, usw.

Für Ihre Selbst-Therapie ist es am besten, Sie betrachten jedes dieser Symptome als ein isoliertes Problem und nehmen sich ein Problem nach dem anderen vor und lösen es. Wenn Sie unter starken Schuldgefühlen leiden, dann betrachten Sie Ihre Schuldgefühle als ein isoliertes Problem, das es zu lösen gilt. Lesen Sie das Kapitel in diesem Buch und arbeiten Sie daran, Ihre Schuldgefühle zu überwinden. Dann nehmen Sie sich vielleicht Ihrer schlechten Konzentrations- und Merkfähigkeit an und arbeiten das Kapitel zu diesem Thema durch.

Solange Sie sich selbst nicht aufgeben, sind Sie nicht verloren.

Es ist unmöglich, daß Sie Ihre Depressionen auf einen Schlag überwinden. Sie können sie nur Stück für Stück abbauen, indem Sie die einzelnen Probleme (Schuldgefühle, Minderwertigkeitsgefühle, usw.), aus denen sie sich zusammensetzen, nacheinander lösen. Stellen Sie sich Ihre Depressionen als einen Haufen Steine vor. Indem Sie Stein für Stein wegnehmen, wird der Haufen kleiner. Also, ein Problem nach dem anderen angehen und Sie werden Ihre Depressionen überwinden.

Was möchte ich mir von diesem Kapitel merken?
(Tragen Sie bitte in diese Zeilen das ein, was Sie sich von diesem
Kapitel merken wollen.)

1. _____

2. _____

3. _____

4. _____

5. _____

Die Kraft, Ihre Depressionen zu besiegen, liegt in Ihnen, auch wenn Sie sich im Moment schwach fühlen.

2
Depressionen - die Folge ungenügender Bewältigungsstrategien

Wie gut wir unser Leben meistern und wie gut wir mit Problemen fertig werden, hängt in erster Linie davon ab, über welche Bewältigungsstrategien wir verfügen. Depressionen sind immer auf mangelnde Bewältigungsstrategien zurückzuführen. Schauen wir uns deshalb einmal an, was es damit auf sich hat.

Was sind Bewältigungsstrategien?

Darunter versteht man Fertigkeiten, die es Ihnen erlauben, Probleme und Schwierigkeiten zu meistern, anstatt an ihnen zu zerbrechen. Gute und gesunde Bewältigungsstrategien bewahren Sie beispielsweise davor, bei Ablehnung oder Versagen in Depressionen zu verfallen. Es gibt vor allem drei Bewältigungsstrategien, die für Sie und die Überwindung Ihrer Depressionen wichtig sind.

1. Selbstbewußtsein und Durchsetzungsvermögen

Claudia und Ingeborg sind miteinander befreundet. Beide gehen öfters zusammen aus. Claudia, die bei mir wegen depressiver Verstimmungen in Therapie war, berichtete mir folgende Begebenheit:

> „Ingeborg erzählte mir, daß sie sich neulich ein sündhaft teures Kleid gekauft hat. Als sie es zuhause auspackte, merkte sie, daß es einen Flecken hatte. Sie ging einfach in das Geschäft zurück und hat darauf bestanden, entweder ein einwandfreies Kleid zu bekommen oder das Geld zurückzubekommen. Das hätte ich nicht gekonnt. Ich hätte mich nur geärgert, daß ich so blöd bin und mir so etwas gefallen lasse und wieder mal die Dumme bin und nur mir so etwas passiert. Ich hätte

es mich nicht getraut, das Kleid zurückzubringen. Am Ende hätten die noch gesagt, ich hätte den Fleck reingemacht, und was hätte ich dann sagen sollen?"

An diesem Beispiel sehen Sie, daß Ingeborg über eine Bewältigungsstrategie verfügt, die Claudia nicht hat. Ingeborg kann sich wehren, hat keine Angst vor negativen Reaktionen bzw. läßt sich dadurch nicht abhalten, ihr Recht zu verlangen. Sie bleibt nicht frustriert zurück, sondern achtet darauf, daß sie zu ihrem Recht kommt und daß ihre Bedürfnisse befriedigt werden. Claudia fehlt diese Fertigkeit. Aus Angst vor Ablehnung getraut sie sich nicht zu reklamieren. Stattdessen ärgert sie sich über sich, macht sich klein, indem sie sich für blöd erklärt und bleibt enttäuscht zurück. Ein idealer Nährboden für depressive Verstimmungen. Kennen Sie ein solches Verhalten von sich auch? Würden Sie auch eher wie Claudia reagieren?

Ihre Depressionen sind besiegbar.

Sich wehren können, selbstbewußt auftreten und darauf achten, daß man nicht zu kurz kommt, das sind wichtige Bewältigungsstrategien, die einen davor bewahren, depressiv zu werden. Wenn Sie bei sich nachschauen, werden Sie feststellen, daß Sie bisher sehr häufig aus Angst vor Ablehnung zurückgesteckt haben. Sie haben sich und Ihre Bedürfnisse nie so wichtig genommen, haben anderen den Vortritt gelassen, haben „Ja" gesagt, wo Sie viel lieber „Nein" gesagt hätten, sind oft zu kurz gekommen oder gar leer ausgegangen, haben anderen erlaubt, auf Ihrer Nase herumzutanzen, kurzum: Sie waren noch nie sehr selbstsicher und durchsetzungsfähig. Diese Bewältigungsstrategie hat Ihnen gefehlt.

Wenn Sie Ihre Depressionen überwinden möchten, dann müssen Sie lernen, daß Sie und Ihre Bedürfnisse wichtig sind und Sie deshalb auch ein Recht darauf haben, sie zu befriedigen. Sie müssen also lernen, selbstbewußt aufzutreten. Dazu gehört auch, auf andere Menschen zugehen und mit denen Kontakt aufnehmen zu können. Wenn man sich aus Angst vor Ablehnung nicht aus seinem Schneckenhaus getraut, dann lebt man zwar recht sicher und geschützt, aber das Leben und die

Menschen gehen an einem vorbei.

2. Positives Selbstbild und Selbstwertgefühl

Eine sehr wichtige Bewältigungsstrategie besteht darin, sich selbst annehmen zu können, statt sich klein zu machen oder herunterzuputzen. Wie oft am Tag machen Sie sich Selbstvorwürfe, werfen sich häßliche Worte wie Idiot und Versager an den Kopf oder erklären sich für minderwertig und wertlos? Mit anderen Worten: Ihr Selbstwertgefühl ist sehr gering - und das nicht erst seit Sie deprimiert sind. Menschen, denen es an der Fähigkeit mangelt, sich selbst den Rücken zu stärken, die sich schwertun, sich unabhängig von dem, was sie sind und leisten, für wertvoll und wichtig zu halten, diese Menschen sind in hohem Maße für Depressionen anfällig.

Wenn man gering von sich denkt, dann programmiert man viele Mißerfolge im Leben vor, und diese sind dann erst recht Anlaß für einen, umso schlechter von sich zu denken. Um Ihre Depressionen überwinden zu können und frei davon zu bleiben, müssen Sie also lernen, eine bessere Meinung von sich zu bekommen.

3. Gesundes und realitätsorientiertes Denken

Die wichtigste Bewältigungsstrategie von allen ist das gesunde und realitätsorientierte Denken. Menschen, die für Depressionen anfällig sind, dramatisieren und übertreiben, was sie erleben. Das Haar in der Suppe empfinden sie als Katastrophe oder sie denken sich, daß nur sie Pech im Leben haben, während alle anderen Glückspilze sind. Sie sehen nur die schlechten Seiten, nie die guten, und sie rechnen immer mit dem Schlimmsten. Das negative Denken ist das hervorstechendste Merkmal aller Depressionen. Seine Depressionen zu besiegen bedeutet immer, sich in seinem Denken umzustellen, sprich gesünder und realitätsorientierter zu denken. Wie das geht, erfahren Sie in diesem Buch.

Fassen wir die wichtigsten Fertigkeiten für ein Leben ohne Depressionen nochmals zusammen. Es sind:

1. ein gesundes und realitätsorientiertes Denken
2. ein positives Selbstwertgefühl und
3. ein gesundes Selbstbewußtsein.

Mit diesen drei Fertigkeiten werden wir uns in diesem Buch sehr ausführlich beschäftigen.

Im nächsten Kapitel stelle ich Ihnen eine kleine und leicht zu machende Übung vor, die Ihnen helfen kann, wieder etwas Hoffnung zu schöpfen.

Was möchte ich mir von diesem Kapitel merken?

1. _____

2. _____

3. _____

4. _____

5. _____

Lassen Sie sich nicht
von Konzentrationsschwächen beirren.
Wenn man depressiv ist, ist es vollkommen normal,
daß man Probleme hat, sich etwas zu merken.

3
Positive Gedanken für jeden Tag

Die in diesem Kapitel enthaltene Übung sollten Sie jeden Tag so lange machen, bis es Ihnen deutlich besser geht. Keine Sorge. Das artet nicht in Arbeit aus und Sie brauchen auch nicht viel Antrieb, um diese Übung jeden Tag durchzuführen. Die Übung dieses Kapitels soll Ihnen Hoffnung und Mut machen, eine wichtige Voraussetzung für die anderen Übungen dieses Buches.

Hoffnungsvolle Gedanken für den Alltag

Im Moment haben Sie wahrscheinlich kaum noch Hoffnung, daß es Ihnen jemals besser gehen wird. Sie sind so im negativen und pessimistischen Denken verstrickt, alles erscheint Ihnen so grau in grau, daß Ihnen jeglicher Antrieb fehlt, um positive Schritte in Richtung Genesung machen zu können. Deshalb kommt es zuallererst darauf an, daß Sie wieder Mut und Hoffnung schöpfen. Hierbei sollen Ihnen die <Hoffnungsvollen Gedanken> helfen, die ich Ihnen gleich vorstelle.

Lesen Sie den nachfolgenden Text jeden Tag mindestens 3 Mal durch. Am besten ist es, Sie schreiben ihn auf einen kleinen Zettel, den Sie immer bei sich tragen, damit Sie ihn jederzeit, wenn Sie die Hoffnung wieder verläßt, durchlesen können.

> ## Es gibt Hoffnung - auch für Sie.
> ## Machen Sie weiter.

Lesen Sie diesen Text also immer dann durch, wenn Sie besonders verzweifelt sind und sich Gedanken breitmachen wie „Dir ist nicht zu helfen. Du kommst da nie wieder heraus. Alles ist so sinnlos". Auf jeden Fall aber sollten Sie ihn gleich morgens nach dem Aufstehen (oder während Sie noch im Bett liegen), um die Mittagszeit und abends kurz vor dem Einschlafen durchlesen.

Hoffnungsvolle Gedanken

Alles wird gut werden. Ich kann meine Depressionen überwinden, auch wenn ich im Moment noch nicht so recht daran glaube. Solange ich lebe, gibt es Hoffnung. Im Moment erscheint mir vieles sinnlos. Doch hinter den dunklen Wolken ist die Sonne. Sie wird wieder hervortreten und die Wolken vertreiben. Die Sonne wird auch für mich wieder scheinen. Ich habe Geduld und erinnere mich daran, daß man Depressionen nicht wie Staub von den Kleidern abschütteln kann.
Ich habe die Fähigkeit und die Kraft, mich aus diesem Gefängnis zu befreien. Der Tag wird kommen, an dem ich wieder mehr Freude verspüre. Ich akzeptiere für den Moment, daß es mir schlecht geht und daß negative Gedanken mir das Leben sehr schwermachen. Diese Zeit wird ein Ende haben. Ich weiß, daß es meine negativen und pessimistischen Gedanken sind, die mir das Leben zur Hölle machen. Deshalb bemühe ich mich darum, sie von mir fernzuhalten. Das gelingt mir mal besser und mal schlechter. Ich werde mich auch bei Rückschlägen immer wieder darum bemühen, meine pessimistischen Gedanken durch hoffnungsvolle Gedanken zu ersetzen. Ich kann und ich werde meine Depressionen besiegen.

Wie geht es Ihnen, nachdem Sie diesen Text gelesen haben? Geht es Ihnen - zumindest ein klein wenig - besser? Spüren Sie, wie gut Ihnen diese positiven Gedanken tun? Dann lesen Sie diesen Text immer wieder durch - vor allem dann aber, wenn Sie besonders verzweifelt und deprimiert sind. Versprochen?
Vielleicht aber ging Ihnen beim Lesen dieses Textes auch durch den Kopf, daß Sie doch gar nicht glauben, was Sie da lesen, und daß es deshalb sinnlos ist, diesen Text noch öfter zu lesen. Vielleicht haben Sie gedacht: „Der Herr Merkle hat gut reden. Der kennt mich ja nicht. Wenn er mich kennen würde, würde er nicht so hoffnungsvoll sprechen".
Lassen Sie sich durch solche Gedanken nicht beirren. Lesen Sie den

Text trotzdem täglich, bis es Ihnen besser geht. Sie werden seine positive Wirkung spüren, auch wenn Sie im Moment daran noch nicht so recht glauben können. Vertrauen Sie mir und meiner Erfahrung mit vielen depressiven Menschen. Versprochen?

Ihre Gefühle
der Hoffnungslosigkeit und Sinnlosigkeit
sind kein Beweis dafür,
daß alles hoffnungslos und sinnlos ist.
Sie sind nur der Beweis dafür,
daß Sie unter Depressionen leiden.
Sie werden wieder Hoffnung schöpfen
und Ihr Leben wird wieder einen Sinn bekommen -
auch wenn Sie das im Moment
noch nicht so sehen können.

Unsere 1. Therapiestunde

Wenn Sie zu mir in Therapie kämen, würde ich mich mit Ihnen in der ersten Stunde zunächst darüber unterhalten, wann Ihre Depressionen angefangen haben, ob sich damals etwas ereignet hat, worüber Sie nicht hinweggekommen sind (etwa der Verlust des Partners oder Arbeitsplatzes) und wie sich Ihre Depressionen über die Monate und Jahre hinweg entwickelt haben. Ferner würde ich mich mit Ihnen darüber unterhalten, was Sie so beschäftigt, worüber Sie nachdenken und welche Gedanken Ihnen immer wieder durch den Kopf gehen. Ihre Antworten würden mir helfen, mir ein Bild von Ihren Depressionen zu machen.

In der ersten Stunde würde ich mit Ihnen auch über die Ursachen Ihrer Depressionen sprechen. Ich würde Ihnen anhand Ihrer Gedanken, die Ihnen pausenlos und ganz automatisch durch den Kopf gehen, zeigen, daß ein sehr enger Zusammenhang zwischen dem besteht, wie Sie denken und wie Sie fühlen. Ich würde Ihnen zeigen, daß Ihre depressiven Verstimmungen sehr eng damit zusammenhängen, daß Sie sich deprimierende bzw. negative Gedanken machen.

Am Ende der ersten Stunde würde ich Ihnen einige sehr kleine, aber sehr wichtige Hausaufgaben geben, die Sie bis zur nächsten Stunde machen sollten.

1. Ich würde Ihnen einen Test geben, der so ähnlich ist wie der in Kapitel 4 - nur etwas ausführlicher -, und würde Sie bitten, ihn mir ausgefüllt zur nächsten Stunde mitzubringen.

2. Ferner würde ich Sie bitten, sich in diesem Buch das Kapitel 5, in dem es um den Zusammenhang zwischen Ihren Gedanken und Gefühlen geht, jeden Tag mindestens 1 Mal durchzulesen.

3. Schließlich würde ich Sie bitten, sich 2 Tage lang aufzuschreiben, welche deprimierenden und negativen Gedanken Ihnen durch den Kopf gehen. Sie sollten also so etwas wie ein Gedankenprotokoll

machen.

Nun, ich würde vorschlagen, daß wir jetzt gleich mit Ihrer Therapie beginnen. Machen Sie den Test aus Kapitel 4 und schauen Sie, wie stark Sie deprimiert sind. Dies ist wichtig für Sie zu wissen. Wenn Sie nämlich sehr stark deprimiert sind, benötigen Sie die Hilfe eines erfahrenen Therapeuten, mit dem zusammen Sie Ihre Probleme besprechen. Das Durcharbeiten dieses Therapie-Programmes wird dann nicht ausreichen, um Ihre Depressionen zu vertreiben.

Im Anschluß daran lesen Sie das Kapitel 5. Lassen Sie sich Zeit. Wenn Sie sich nur schwer konzentrieren können, wenn Sie feststellen, daß Sie sich das Gelesene schlecht merken können, dann ist das in Ordnung. Überfordern Sie sich nicht, indem Sie von sich verlangen, so schnell und gut einen Text lesen und behalten können zu müssen wie früher. Sie leiden unter Depressionen und da ist es völlig normal, daß man Konzentrations- und Merkfähigkeitsprobleme hat.

Haben Sie Geduld mit sich.
Der Tag wird kommen,
an dem Sie wieder
Freude empfinden können.

4
Wie depressiv bin ich?
Ein Test gibt Ihnen Auskunft

Damit Sie sich ein objektives Bild von der Schwere Ihrer Depressionen machen können, habe ich für Sie einen kurzen Test zusammengestellt, mit dessen Hilfe Sie eine gute Diagnose stellen können.

Lesen Sie jede der nachfolgenden Feststellungen durch. Überlegen Sie, ob diese auf Sie nicht zutreffen (0 Punkte), teilweise zutreffen (1 Punkt), überwiegend zutreffen (2 Punkte) oder völlig zutreffen (3 Punkte) und schreiben dann hinter jede Feststellung die Zahl.

trifft nicht zu (0), trifft teilweise zu (1), Trifft überwiegend zu (2), trifft völlig zu (3)

1. Ich habe große Schlafprobleme.
2. Ich grüble sehr viel.
3. Ich muß fast zwanghaft immer wieder an dieselben Dinge denken.
4. Ich bin sehr unkonzentriert.
5. Ich kann mir Dinge sehr schlecht merken.
6. Es kostet mich sehr viel Überwindung, etwas zu tun.
7. Ich bin sehr deprimiert und unglücklich.
8. Ich fühle mich minderwertig.
9. Ich denke sehr oft daran, mir das Leben zu nehmen.
10. Ich habe große Probleme, Entscheidungen zu treffen.
11. Ich habe das Interesse an dem, was um mich herum vorgeht, völlig verloren.
12. Ich leide unter starken Schuldgefühlen.
13. Ich halte nicht viel von mir.
14. Alles erscheint mir so sinnlos.
15. Ich habe keine Hoffnung, daß es mir noch einmal besser gehen wird.

Haben Sie bei jeder Feststellung entschieden, in welchem Ausmaß sie auf Sie zutrifft? Gut. Zählen Sie nun die Punkte zusammen, die Sie hinter jeder Feststellung notiert haben.

Gesamtpunktzahl	Ausmaß Ihrer depressiven Verstimmung
0-10	normale Tiefs
11-20	leichte Depressionen
21-35	mittlere Depressionen
ab 36	schwere Depressionen

Wenn Sie unter mittleren bis schweren Depressionen leiden, dann empfehle ich Ihnen, sich an einen erfahrenen Therapeuten zu wenden. In diesem Fall wird Ihnen das alleinige Durcharbeiten dieses Programms sehr wahrscheinlich nicht genügen, um sich von Ihren Depressionen zu befreien. Betrachten Sie in diesem Fall das vorliegende Buch als eine erste Hilfe. Arbeiten Sie also weiter mit diesem Buch.

Machen Sie diesen Test alle 14 Tage. Anhand des Ergebnisses können Sie sehen, ob und wieviele Fortschritte Sie machen. Werfen Sie jedoch nicht die Flinte ins Korn, wenn Sie von einem Test zum anderen keine Fortschritte gemacht haben.

Vermutlich werden Sie am Anfang häufiger eine kleine Verbesserung feststellen. Sie werden aber auch an einen Punkt kommen, an dem Sie einige Zeit keine weiteren Fortschritte machen. Das ist ganz normal und sollte Sie nicht weiter beunruhigen. In jeder Therapie kommt es von Zeit zu Zeit zu einem Stillstand. Das ist nicht die Schuld des Patienten, das liegt in der Natur des Lernens. Auch ist es ganz normal, daß es Ihnen an einem Tag besser gelingt, das Gelesene auf sich anzuwenden, und am anderen Tag schlechter. Und es ist ganz normal, daß Sie nach anfänglichen kleinen Fortschritten wieder in alte Gewohnheiten zurückfallen. Üben Sie weiter, arbeiten Sie weiter mit diesem Programm und nach einiger Zeit werden Sie merken, daß es wieder ein kleines Stück vorangeht.

Wenn Sie daran denken, sich das Leben zu nehmen

Wenn Sie mit dem Gedanken spielen, sich das Leben zu nehmen, dann möchte ich Sie fragen, warum Sie das tun möchten? Meine Patienten geben mir manchmal folgende Antworten:

„Ich bin für meine Familie nur noch eine Belastung. Die haben es besser, wenn ich nicht mehr da bin."

„Mir ist doch nicht zu helfen. Ich bin ein hoffnungsloser Fall. Was soll ich mich noch weiter quälen."

„Ich habe es satt, immer nur zu kämpfen. Ich bin so müde."

„Ich kann mein Leben nicht mehr ertragen. Alles ist so sinnlos."

„Mein Leben ist nicht mehr lebenswert. Ich habe nichts, worauf ich mich freuen kann."

Wenn Sie mit dem Gedanken spielen, sich das Leben zu nehmen, dann werden Ihnen diese Gedanken vertraut sein. Ich weiß, daß Ihre Hoffnungslosigkeit überwiegt und daß Sie im Moment das Schluß-machen als einzigen Ausweg ansehen.

Es gibt jedoch noch einen anderen Weg, den ich Sie bitten möchte, vor diesem endgültigen Schritt zu gehen: Suchen Sie einen erfahrenen Therapeuten auf. Depressionen sind heilbar. Sie können lernen, aus Ihrem tiefen Loch ans Tageslicht zu klettern. Wenn Ihnen das bisher nicht gelungen ist, dann liegt das nur daran, daß Ihnen noch niemand den richtigen Weg gezeigt hat. Am Ende des Tunnels erwartet Sie das Licht, die Freiheit, auch wenn Sie sie noch nicht sehen können. Geben Sie sich eine Chance, dieses Licht zu erfahren. Versprochen?

Es gibt einen Weg,
auch wenn Sie ihn nicht sehen können.
So wie die Sonne hinter den Wolken scheint,
gibt es hinter Ihrer Verzweiflung und Hoffnungslosigkeit
einen Pfad aus Ihren Depressionen.
Gehen Sie deshalb weiter, auch wenn Sie das Ziel
noch nicht sehen können.
Gehen Sie einfach so weit, wie Sie blicken können.
Wenn Sie dort angelangt sind, werden sich
Ihnen neue Wege öffnen.

5
Depressive Gedanken
führen zu depressiven Gefühlen

Die Kognitive Verhaltenstherapie geht davon aus, daß negative Gefühle, also auch Depressionen, die Folge negativer Gedanken sind, d.h. Sie sind deprimiert, weil Sie sich deprimierende Gedanken machen. Deshalb besteht ein wichtiger Teil der Therapie auch darin, seine negativen Gedanken und Einstellungen zu verändern.

Anders ausgedrückt: Sie fühlen, wie Sie denken. Wenn Sie Ihr Denken ändern, dann werden sich auch Ihre negativen Gefühle verändern.

Horchen Sie einmal in sich hinein und hören sich selbst zu. Welche Gedanken kreisen Ihnen immer wieder in Ihrem Kopf herum? Worum drehen sich Ihre Gedanken?

Wenn es Ihnen wie den allermeisten depressiven Menschen geht, dann gehen Ihnen solche Gedanken durch den Kopf wie:

Alles ist hoffnungslos.

Mit mir ist nichts mehr los.

Da komm´ ich nicht raus.

Ich bin ein Versager.

Mein Leben ist sinnlos.

Nichts mache ich richtig.
Mir ist nicht zu helfen.

Ich tauge nichts.

Ich bin eine schlechte Mutter.

Kennen Sie solche Gedanken von sich? Wie ist Ihnen bei solchen Gedanken zumute? Keine Frage, Sie sind deprimiert. Jeder, der davon überzeugt ist, daß er ein Versager ist, daß es für ihn keine Hilfe gibt oder daß sein Leben sinnlos ist, fühlt sich deprimiert.

Unsere erste wichtige Erkenntnis:
Sie fühlen, wie Sie denken.

Wenn Sie sich deprimierende oder pessimistische Gedanken machen, dann fühlen Sie sich zwangsläufig schlecht. Umgekehrt fühlen Sie sich besser, wenn Sie sich hoffnungsvolle und positive Gedanken machen. Erinnern Sie sich noch an die hoffnungsvollen Gedanken aus Kapitel 3? Beim Lesen dieser Gedanken ging es Ihnen besser. Natürlich hielt die Hoffnung nicht lange an. Das kann sie auch nicht. Damit Sie sich auf Dauer besser fühlen können, müssen Sie Ihr negatives und pessimistisches Denken erst durch eine positive Grundhaltung ersetzen, d.h. Sie müssen üben, üben und nochmals üben.

Solange Sie 95% der Zeit am Tag negativ denken, solange das negative Denken also noch einen so breiten Raum einnimmt, werden Sie sich - auch wenn Sie sich im Denken ein bißchen umstellen - nicht sehr viel besser und schon gar nicht dauerhaft besser fühlen können. Das ist wie mit dem Tropfen auf dem heißen Stein. Wenn Sie auf eine glühende Herdplatte einen Tropfen Wasser tun, dann wird der in sekundenschnelle verdampfen. Sie können damit die Herdplatte nicht abkühlen. Dazu müßten Sie quasi einen Eimer Wasser darauf schütten und vielleicht auch mehrere. Damit sich Ihre Stimmung deutlich und auf Dauer verbessern kann, müssen Sie die negativen Gedanken durch eher hilfreiche Gedanken ersetzen.

Verlieren Sie nicht den Mut, wenn es Ihnen nicht auf
Anhieb sehr viel besser geht.
Sie brauchen etwas Geduld und Training,
bis sich Ihre Stimmung bessert.

„Heißt das, daß ich mir meine schlechten Gefühle durch mein Denken selbst mache?"

Richtig. Wenn Sie deprimiert sind, dann deshalb, weil Sie sich deprimierende oder pessimistische Gedanken machen. Wenn Sie Ihre Depressionen überwinden möchten, dann müssen Sie lernen, anders zu denken. Sie müssen lernen, die Welt und das, was passiert, mit anderen Augen zu sehen. Wie das geht, zeige ich Ihnen im Verlaufe dieses Buches. Im Moment wollen wir noch ein wenig bei dieser wichtigen Erkenntnis verweilen.

Im ersten Moment mag Ihnen beim Lesen dieser Zeilen der Gedanke in den Sinn gekommen sein, daß Sie nun auch noch Schuld daran haben sollen, daß Sie deprimiert sind, und als Folge dieses Gedankens ist Ihre Stimmung noch weiter in den Keller gerutscht.

Betrachten Sie diese Erkenntnis aber einmal von der Seite: Wenn Sie es sind, der sich all die unguten Gefühle macht, dann sind Sie diesen Gefühlen nicht hilflos ausgeliefert. Dann können Sie etwas dazu beitragen, daß es Ihnen besser geht.

Die Tatsache, daß Sie durch Ihr pessimistisches Denken Ihre depressiven Gefühle verursachen, ist also eine große Chance für Sie. Wenn Sie nämlich wissen, wie Sie sich von diesen depressiv machenden Gedanken befreien können, dann haben Sie den Schlüssel in der Hand, Ihre Depressionen zu überwinden. Sie müssen dann nur noch lernen, diesen Schlüssel richtig zu gebrauchen.

Doris, eine 35-jährige depressive Patientin sagte mir, sie habe zum ersten Mal seit 5 Jahren eine echte Chance gesehen, aus „ihrem Loch" herauszukriechen, als ihr bewußt wurde, daß es von ihr abhängt, ob sie deprimiert ist. „Wenn ich für meine Gefühle verantwortlich bin", sagte sie, „dann hängt es ja von mir ab, wie dieser Tag wird." Diese Erkenntnis gab ihr viel Mut und Auftrieb, die sie für die Überwindung ihrer depressiven Verstimmungen einsetzen konnte.

Ein Beispiel für den Zusammenhang zwischen Ihrem Denken und Fühlen

Peter ist 45 Jahre alt. Er kommt wegen depressiver Verstimmungen in

Therapie. Er ist ein leitender Angestellter. Er ist verheiratet und hat einen Sohn. Auf meine Frage, worüber er deprimiert sei, antwortete er:

„Ich schaffe meine Arbeit nicht mehr wie früher. Meine jüngeren Kollegen sind alle besser als ich. Die sind intelligenter und haben eine viel bessere Ausbildung. Ich gehöre zum alten Eisen. Mit mir ist einfach nichts mehr los. In der Firma tanzen mir alle auf der Nase herum und ich kann nichts dagegen tun. Warum habe ich nur so Angst, meine Meinung zu sagen? Alles ist so hoffnungslos und sinnlos. Ich habe das Gefühl, daß ich da nie mehr rauskomme. Warum kann ich mich nicht wie andere freuen? Alles ist für mich eine Qual. Am liebsten würde ich gar nicht mehr in die Firma gehen. Die würden mich sowieso nicht vermissen. Die wären sogar froh, wenn sie einen solchen Versager wie mich los wären."

An Peters Äußerungen können Sie sehen, daß seine Gedanken hauptsächlich um drei Bereiche kreisen:
1. um sich und seinen Wert als Mensch,
2. um seine momentane Lage und seine Mitmenschen und
3. um seine Zukunft.

Peter sieht sich selbst, seine Situation und seine Zukunft in ganz düsteren Farben. Das ist ein ganz hervorstechendes Merkmal depressiver Menschen. Sie haben ein negatives Selbstbild (haben eine schlechte Meinung von sich, werten sich ab, sehen sich als Versager), sehen ihre momentane Lage und ihr Leben als sinnlos an und haben keine Hoffnung, daß es ihnen in der Zukunft besser gehen wird.
Auch Sie werden ähnliche Gedanken bei sich entdecken, wenn Sie sich aufmerksam zuhören. Wenn Sie Ihre Depressionen besiegen möchten, dann kommt es darauf an, daß Sie anders über sich, Ihre momentane Lage und Ihre Zukunft denken. Sie müssen sich optimistischere Gedanken machen. Durch sie werden Sie Ihre Depressionen vertreiben, wie der Wind düstere Wolken vertreibt.

Denken Sie anders und Sie fühlen sich anders.

Ihre Gedanken sind der Schlüssel zum Verständnis
Ihrer Depressionen und all Ihrer anderen
negativen und positiven Gefühle.

Positive Gedanken führen zu positiven Gefühlen.
Negative Gedanken führen zu negativen Gefühlen.

Die Negativspirale depressiv machender Gedanken

Negative Gedanken führen nicht nur zu Niedergeschlagenheit. Sie
tragen auch dazu bei, daß aus Niedergeschlagenheit Depressionen werden. Negative Gedanken machen aus einer Mücke einen Elefanten.

Sie denken sich:
Ich tauge nichts, ich bin ein Versager, mein Leben hat keinen Sinn.

Als Folge davon verspüren Sie
Gefühle von Niedergeschlagenheit und Traurigkeit, es fällt Ihnen schwer aufzustehen, Sie haben Probleme, die einfachsten Dinge zu tun, können sich
nicht mehr über Dinge freuen wie früher.

Daraufhin sagen Sie sich:
„Nicht einmal lachen kann ich mehr. Ich kann nicht einmal mehr die
einfachsten Dinge. Wer will schon etwas mit einem solchen Versager wie
mir zu tun haben. Mit mir ist doch nichts mehr los.”

Daraufhin werden
die Gefühle der Niedergeschlagenheit noch massiver. Es fällt Ihnen noch
schwerer, den Tag zu meistern. Das Leben wird mehr und mehr zu Qual.

Sie schließen daraus:
„Ich komm´ da nie raus. Für mich gibt es keine Hilfe. Alles ist so sinnlos
und hoffnungslos.”

Ihre Schlußfolgerung bewirkt:
Die negativen Gefühle verstärken sich zunehmend und damit einher schwindet
Ihre Hoffnung immer mehr, daß Ihnen noch zu helfen ist.

3 4

Warum Sie so denken, wie Sie denken

Sie haben gesehen, daß Sie sich durch selbstabwertende und schuldbeladene Gedanken deprimiert machen. Warum aber machen Sie sich negative Gedanken, durch die Sie sich deprimiert machen? Die Antwort ist: Weil Sie gelernt haben, so zu denken. Wir alle lernen als Kinder und Jugendliche, die Welt mit bestimmten Augen zu sehen. Wir lernen, was gut und schlecht, richtig und falsch, moralisch und unmoralisch, edel und verwerflich ist. Durch die Erfahrungen mit unseren Eltern, anderen Erwachsenen oder Gleichaltrigen eignen wir uns ein bestimmtes Bild von uns und anderen Menschen an. Wir übernehmen die Ansichten und Vorurteile anderer und machen sie uns zu eigen.

Wenn Sie schlecht von sich denken, dann vielleicht deshalb, weil Sie die Meinung Ihrer Eltern und Erzieher über sich übernommen haben. Ihre Eltern haben Sie vielleicht häufig kritisiert und schlecht über Sie geredet. Im Laufe der Jahre haben Sie sich die schlechte Meinung der Eltern über sich zu eigen gemacht und haben sich fortan selbst kritisiert. Vielleicht haben Ihnen Ihre Eltern auch nicht viel zugetraut und Sie mußten sich oft anhören, daß Sie es nie zu etwas bringen würden oder daß Sie unbegabt seien und zwei linke Hände hätten. Dann gehen Sie heute mit sich vermutlich auch so um. Sie trauen sich wenig zu, haben Angst zu versagen und eine Menge Selbstzweifel.

Depressive Gedanken rauben Ihnen Ihre Energie und machen Sie schlapp und kraftlos.

Da es für die Überwindung Ihrer Depressionen nicht wichtig ist, warum Sie negativ und pessimistisch denken, möchte ich hier auf die Ursachen nicht weiter eingehen. Wenn Sie dieses Thema jedoch interessiert, dann empfehle ich Ihnen mein Buch <So gewinnen Sie mehr Selbstvertrauen>. In ihm zeige ich, wie sich Erfahrungen in der Kindheit auf unser Denken und Fühlen auswirken können.

Schauen wir uns den Zusammenhang zwischen Ihrem Denken und Fühlen noch etwas genauer an.

35

Das ABC der Gefühle

Um Ihnen den Zusammenhang zwischen Ihren Gedanken und Ihren Gefühlen noch deutlicher zu machen, möchte ich Sie mit dem ABC der Gefühle vertraut machen. Das ABC der Gefühle sieht so aus:

A Situation: was passiert?
B Gedanken: was denke ich über die Situation?
C Gefühle und Verhalten: wie fühle und verhalte ich mich?

Schauen wir uns ein Beispiel an. Manuela kommt zu mir, weil sie sich keinen Rat mehr weiß. Sie ist seit einem Jahr sehr depressiv. Ihre Hausarbeit geht ihr schwer von der Hand und sie hat enorme Probleme, morgens aufzustehen. Kaum etwas macht ihr noch Freude. Ich habe ihr am Ende unserer ersten Stunde die Aufgabe gegeben, zu Hause schriftlich ein ABC zu machen. Sie bringt folgendes ABC zur nächsten Sitzung mit:

A liege morgens im Bett

B Ich schaffe den Tag nicht. Alles ist mir zu viel. Mit mir ist nichts los. Ich kann noch nicht einmal mehr die einfachsten Dinge tun. Ich komme da nicht mehr raus. Alles ist so hoffnungslos. Wenn das noch lange so geht, dann werden mein Mann und mein Sohn mich bestimmt verlassen. Das wäre schrecklich. Das könnte ich nicht ertragen.

C bin deprimiert, habe Angst, bleibe im Bett.

Quälen Sie ähnliche Gedanken wie Manuela? Verständlich, daß Sie deprimiert und verzweifelt sind. Jeder, der überzeugt ist, daß alles hoffnungslos ist, daß mit ihm nichts mehr los ist u.ä., der wird sich auch so fühlen wie Manuela.

Sie können sich nicht gut fühlen, wenn Sie sich
negative und pessimistische Gedanken machen.

36

Ihre negativen Gedanken kreisen vor allem um drei Bereiche:

1. Ihre Person

Sie kritisieren sich sehr viel, sind mit sich unzufrieden, machen sich klein und lassen kein gutes Haar an sich. Für vieles, was schiefläuft, geben Sie sich die Schuld. Gelingt Ihnen etwas, dann ist das nicht Ihr Verdienst sondern Glückssache oder Zufall. Sie haben Gedanken wie:

„Ich bin zu nichts zu gebrauchen."

„Ich bin ein Versager."

„Ich tauge nichts."

2. Ihre Erfahrungen

Was Sie auch erleben, für Sie ist es negativ. Sie sehen überall Probleme und unüberwindliche Schwierigkeiten. Sie fühlen sich hilflos und glauben, keine Kontrolle über sich und Ihr Leben zu haben. Sie denken:

„Das ist zu viel."

„Das schaffe ich nicht."

„Das ertrag´ ich nicht."

„Alles mache ich falsch."

3. Ihre Zukunft

Sie sehen Ihre Zukunft ganz schwarz. Sie glauben nicht daran, daß sich noch einmal etwas an Ihrem Zustand ändern wird. Sie denken:

„Ich komme da nie darüber hinweg."

„Ich bin ein hoffnungsloser Fall."

Ihre Gedanken bestimmen nicht nur, wie Sie sich fühlen, sie bestimmen auch, wie Sie sich verhalten. Wenn Sie sich sagen „Das kann ich nicht", wie verhalten Sie sich dann wohl? Werden Sie das, von dem Sie glauben, es nicht zu können, tun oder werden Sie es bleibenlassen? Die Antwort ist: Sie werden es eher bleibenlassen. Was für einen Sinn sollte es auch haben, etwas zu tun, von dem Sie überzeugt sind, es nicht zu können? Keinen.

Wenn Sie denken, für etwas zu dumm oder nicht begabt zu sein, werden Sie dann die Aufgabe in Angriff nehmen? Wohl kaum. Als Sie dieses Buch gekauft haben, dachten Sie da, daß es zwecklos sei, ein solches Buch zu kaufen, weil es nicht möglich sei, auf diese Weise seine Depressionen zu überwinden? Bestimmt nicht. Sie hatten zumindest die Hoffnung, daß Ihnen dieses Buch etwas bringen wird, sonst hätten Sie es nicht gekauft.

Wenn Sie morgens im Bett liegen und sich sagen „Was soll ich aufstehen. Es hat ja doch keinen Sinn. Ich schaffe den Tag nicht" werden Sie dann voller Energie aus dem Bett springen? Nein. Sie bleiben liegen.

Sie sehen:
Wie Sie denken bestimmt, wie Sie sich fühlen *und* wie Sie sich verhalten. Wenn Sie sich anders fühlen und verhalten möchten, dann müssen Sie Ihr Denken ändern.

Sicherlich machen Sie sich auch Ihre Gedanken über dieses Kapitel. Was denken Sie über das ABC der Gefühle? Habe ich etwas geschrieben, das Sie als negativ oder belastend empfinden? Denken Sie sich vielleicht:

„Der Herr Merkle kann mir auch nicht helfen".

„Dieses Buch hilft mir auch nicht".

Und wie fühlen Sie sich bei solchen Gedanken? Heben solche Gedanken Ihre Stimmung? Sicherlich nicht. Das Gegenteil ist der Fall. Sie fühlen sich noch mutloser und sind noch verzweifelter. Dies ist das Ergebnis Ihrer Gedanken, daß auch ich und das Buch Ihnen nicht helfen können. Sie sehen: Sie fühlen, wie Sie denken.

Aufgaben zur Vertiefung des Gelesenen

1. Beantworten Sie bitte folgende Fragen:
   a) Was ist für mich das Wichtigste, das ich in diesem Kapitel gelesen habe?

b) Trifft das, was ich gelesen habe, auf mich zu?

2. Messen Sie Ihre Stimmung. Diese Übung besteht darin, daß Sie so
   etwas wie ein Tagebuch führen. In dieses Tagebuch sollen Sie drei-
   mal am Tag eine kurze Eintragung machen. Notieren Sie jeden Tag
   für die nächsten 60 Tage am Morgen, am Mittag und am Abend, wie
   stark Sie deprimiert sind.
   Stellen Sie sich ein Thermometer vor. Statt Fieber sollen Sie jedoch
   Ihre Depressionen messen. Dieses Thermometer reicht von 0 (keine
   Depressionen) bis zu 100 (völlig deprimiert).

0___10___20___30____40____50___60___70__80___90____100
keine Depression   völlig deprimiert

Kaufen Sie sich einen kleinen Taschenkalender und tragen in ihm an
jedem Tag die Uhrzeit ein, wann Sie Ihre Depressionen gemessen haben, und dahinter, wie stark Sie Ihrer Meinung nach zu dieser Uhrzeit
deprimiert sind. Eine solche Eintragung könnte so aussehen:

15.3.1990, 9 Uhr morgens,	80.
15.3.1990, 12 Uhr,	80
15.3.90, 18 Uhr,	50

„Warum soll ich meine Depressionen messen?"

Diese kleine Übung verfolgt vor allem ein Ziel: Sie soll Ihnen zeigen,
daß Sie von morgens bis abends nicht gleich stark deprimiert sind. Sie
werden feststellen, daß Ihre Depressionen in ihrer Stärke schwanken.
In der Regel ist es nämlich so, daß morgens die Depressionen stärker
sind und Sie sich abends besser fühlen. Auch wird es Tage geben, an
denen Sie insgesamt weniger deprimiert sind als an anderen.
Dieses Wissen um die Schwankungen Ihrer depressiven Verstimmungen führt Ihnen vor Augen, daß es Ihnen nicht immer gleich
schlecht geht. Wie die meisten depressiven Menschen neigen Sie nämlich dazu, nur Ihre absoluten Stimmungstiefs zu sehen, und übersehen

dabei völlig, daß es auch Stunden und Tage gibt, an denen es Ihnen besser geht. Wenn Sie sich diese positiven Stunden in Erinnerung rufen, steigt Ihre Hoffnung, und Sie bekommen wieder neuen Antrieb.

Was möchte ich mir von diesem Kapitel merken?

1. _____

2. _____

3. _____

4. _____

5. _____

Sie werden Ihre Depressionen besiegen,
wenn Sie Ihre negativen Gedanken besiegen.
Das klingt einfach,
ist aber in Ihrer Situation
ein hartes Stück Arbeit.
Sie brauchen hierfür Geduld und Übung.

Unsere 2. Therapiestunde

Zu Beginn unserer zweiten Stunde würde ich Sie fragen, ob Sie das Kapitel 5 gelesen haben und ob Ihnen etwas unklar ist, bzw. was Sie sich daraus gemerkt haben und ob Ihnen das weiterhilft. Ihre Antworten würden mir zeigen, wieviel Sie sich gemerkt haben, und sie würden Ihnen zeigen, ob Sie das Gelesene verstanden haben.

Hätte ich den Eindruck, daß Ihnen wichtige Einsichten und Erkenntnisse fehlen, würden wir uns sehr intensiv anhand von Beispielen aus Ihrem Alltag mit dem Zusammenhang zwischen Ihrem Denken, Fühlen und Verhalten beschäftigen. Hierzu würden wir uns beispielsweise Ihr Gedankenprotokoll anschauen, das ich Ihnen in der ersten Stunde als Hausaufgabe gegeben habe. Erinnern Sie sich? Ich bat Sie, Sie möchten sich zwei Tage lang notieren, was Ihnen so durch den Kopf geht.

Vielleicht hätten Sie kein Gedankenprotokoll mitgebracht, weil Sie Probleme gehabt hätten, sich Ihrer Gedanken bewußt zu werden. Sie würden mir vielleicht sagen: „Ich bin oft einfach grundlos traurig. Ich denke mir nichts. Meine Gefühle kommen einfach so über mich".

In diesem Fall würden wir uns über sogenannte <automatische Gedanken> unterhalten. Wie der Name besagt, sind das Gedanken, die automatisch, d.h. ohne Ihr Zutun, so schnell in Ihrem Kopf ablaufen, daß Sie meinen, nichts gedacht zu haben.

Automatische Gedanken

Wenn Sie sich nicht bewußt sind, etwas gedacht zu haben, dann heißt das nicht, daß Sie tatsächlich nichts gedacht haben. Ihnen ist nur nicht bewußt, daß Ihnen etwas durch den Kopf gegangen ist.

Woher kommen diese automatischen Gedanken? Immer wenn wir uns etwas wieder und wieder vorsagen, wenn uns also etwas immer wieder durch den Kopf geht, dann verselbständigt sich dieser Gedanke und er läuft mit der Zeit ganz automatisch und unbewußt ab.

Wenn Sie beispielsweise in Ihrer Kindheit oft gehört haben, daß Sie nichts taugen oder daß Sie ein schlechter Mensch sind, dann haben Sie sich diese Meinung Ihrer Eltern und Erzieher sehr wahrscheinlich angeeignet, indem Sie sich selbst diese Worte immer wieder vor Augen hielten. Heute, als Erwachsener, haben Sie vielleicht nur noch das unbestimmte Gefühl, mit Ihnen stimme etwas nicht, oder Sie fühlen sich minderwertig. Es ist Ihnen gar nicht (mehr) bewußt, daß Sie sich - quasi ganz leise - immer noch bei den verschiedensten Gelegenheiten vorsagen: „Du taugst nichts".

Wenn Sie sich also plötzlich - quasi aus heiterem Himmel - deprimiert fühlen, dann kommt das daher, daß Ihnen ein solch automatischer und unbewußt ablaufender Gedanke durch den Kopf gegangen ist. Sicherlich werden Sie des öfteren morgens aufwachen und sich, scheinbar ohne etwas gedacht zu haben, deprimiert fühlen. In diesen Fällen sind Ihnen automatische Gedanken durch den Kopf gegangen. Diese laufen in Sekundenschnelle ab und erzeugen bei Ihnen ebenso schnell die schlechten Gefühle.

Sie können sich Ihre automatischen Gedanken wieder bewußtmachen, wenn Sie sich darin üben, auf Ihre innere Stimme zu hören.

Jedem von uns gehen pausenlos Gedanken durch den Kopf: Die einen laufen ganz bewußt, die anderen eher unbewußt ab. Es ist absolut unmöglich, nichts zu denken. Wenn Sie sich Ihre unbewußten Gedanken wieder bewußtmachen wollen, dann müssen Sie sich angewöhnen, auf Ihre Selbstgespräche zu hören. Je mehr Sie auf das achten, was sich in Ihrem Kopf abspielt, je mehr Sie ganz bewußt auf die Gedanken hören, die unentwegt durch Ihren Kopf kreisen, umso mehr werden Sie sich Ihrer automatischen negativen Gedanken bewußt. Das ist Übungssache und wird Ihnen deshalb von Mal zu Mal besser gelingen.

Wenn es Ihnen also schwergefallen wäre, ein Gedankenprotokoll zu erstellen, dann wäre das kein Beweis dafür, daß Sie zu dumm dafür sind oder daß Sie es nie schaffen. Es ist ganz normal, daß Sie Probleme haben, Ihre Gedanken aufzuspüren. Ich würde Sie bitten, bis zur nächsten Stunde nochmals besonders intensiv darauf zu achten, was in Ihrem Kopf vorgeht.

Nehmen wir einmal an, Sie hätten ein solches Gedankenprotokoll mitgebracht. Das könnte so aussehen:

„Alles ist so sinnlos.

Ich bin ein Versager.

Ich kann gar nichts mehr.

Ich bin zu nichts mehr gut.

Alles mache ich falsch.

Warum kann ich nicht wie andere lachen?

Ich falle meiner Familie zur Last.

Nichts gelingt mir mehr.

Mir ist nicht zu helfen.

Warum fällt mir alles so schwer?"

Was fangen wir nun damit an? Ich würde mich mit Ihnen über jeden einzelnen Gedanken unterhalten. Insbesondere würde ich Sie fragen: „Wie kommen Sie darauf, daß Sie ein Versager sind? Stimmt das wirklich, daß Sie *alles* falsch machen?" „Ist dem wirklich so, daß Ihnen nichts mehr gelingt?".

Spontan würden Sie mir sehr wahrscheinlich voller Überzeugung antworten: „Ja, das ist so". Sie wären fest davon überzeugt, daß Sie mit Ihrer Sichtweise Ihrer Person und Ihres Leben völlig recht haben. Erst wenn ich hartnäckig bliebe und Ihnen Beispiele dafür anführen würde, daß Sie manches auch richtig machen und daß manches Ihnen auch gelingt (kein Mensch macht nur Fehler), würden Sie erkennen, daß Sie übertreiben, wenn Sie sich einreden, alles mißlinge Ihnen.

Diese Erkenntnis, daß Sie übertreiben, daß Sie die Dinge nicht so sehen, wie sie in Wahrheit sind, ist sehr wichtig. Ein Kennzeichen depressiver Menschen ist nämlich, daß ihre Gedanken oft nicht mit den Tatsachen übereinstimmen. Diese Übertreibung des Negativen ist dafür verantwortlich, daß Sie depressiv sind.

Wenn Sie lernen möchten, Ihre Depressionen zu überwinden, dann müssen Sie lernen, sich und das, was Sie tun, realistischer zu sehen. Sie müssen also lernen, umzudenken.

Wie man das macht und woran man übertrieben negatives Denken erkennen kann, darüber würde ich mit Ihnen in dieser zweiten Stunde sprechen.

Am Ende dieser Stunde würde ich Ihnen folgende Hausaufgaben

geben:

1. Wenn Sie noch kein Gedankenprotokoll gemacht haben, dann würde ich Sie bitten, es nun auf die nächste Stunde zu machen.

2. Ich würde Sie bitten, sich das 6. nun folgende Kapitel durchzulesen und die Aufgaben am Ende dieses Kapitels zu machen.

3. Schließlich würde ich Sie daran erinnern, daß Sie täglich Ihre Stimmung messen und in Ihr Tagebuch eintragen.

Wenn Sie also noch kein Gedankenprotokoll gemacht haben, dann fangen Sie nun damit an. Lesen Sie sich das nächste Kapitel durch und vergessen Sie nicht, jeden Tag Ihre Stimmung zu messen.

Es ist völlig normal,
daß es Ihnen an manchen Tagen
mal besser und mal schlechter geht.
Das hat nichts damit zu tun,
daß Sie unfähig sind,
Ihre Depressionen zu überwinden.
Das sind ganz normale Schwankungen,
die jeder depressive Mensch hat.

6
Negatives Denken
Woran man es erkennt und wie man es ändern kann

Sie haben bereits Bekanntschaft mit dem ABC der Gefühle gemacht und wissen, daß Sie durch Ihre Gedanken bestimmen, wie Sie sich fühlen und verhalten. Sie wissen, daß negative Gedanken zu negativen Gefühlen führen und positive Gedanken zu positiven Gefühlen.

Woran aber erkennt man negative Gedanken? Damit wollen wir uns in diesem Kapitel beschäftigen.

Negative Gedanken haben zwei untrügerische Merkmale, anhand derer Sie sie entlarven können.

Die zwei Merkmale negativen Denkens

1.
Negative Gedanken entsprechen nicht den Tatsachen.
2.
Negative Gedanken führen zu negativen Gefühlen.

1. Negative Gedanken entsprechen nicht den Tatsachen.

Nehmen wir uns einen Gedanken vor, der Ihnen sicherlich auch öfter durch den Kopf geht:

„Die anderen sind intelligenter als ich und können alles besser."
(„Folglich tauge ich nichts und bin minderwertig" ist Ihre Schlußfolgerung.)

Nun, was meinen Sie? Entspricht dieser Gedanke den Tatsachen? Ist es tatsächlich so, daß alle anderen intelligenter sind als Sie und alles besser können?

Im ersten Moment sind Sie vielleicht versucht zu sagen: „Ja, ich empfinde es so". Wenn ich Sie jedoch fragen würde, woher Sie das wissen, dann könnten Sie mir lediglich antworten: „Ich denke mir das eben".

Das genau ist der springende Punkt. Sie denken lediglich, daß andere klüger und besser sind als Sie, machen sich jedoch nicht die Mühe, Ihren Gedanken auf seinen Wahrheitsgehalt zu überprüfen. Würden Sie das nämlich tun, dann würden Sie sehr schnell feststellen, daß Sie sich belügen. Gewiß, es gibt sicherlich Menschen, die klüger sind als Sie, aber es gibt auch Menschen, die weniger intelligent sind, und natürlich gibt es Menschen, die einige Dinge besser können als Sie, und es gibt Menschen, denen Sie etwas voraushaben (auch wenn Sie das im Moment nicht so sehen können).

Der Gedanke „Die anderen sind intelligenter als ich und können alles besser" entspricht nicht den Tatsachen. Und wie steht es mit Ihrer Schlußfolgerung, daß Sie nichts taugen und minderwertig sind? Wenn ich Sie fragen würde, welche Beweise Sie dafür haben, dann könnten Sie wiederum nur antworten „Ich denke das eben".

Ich würde Sie damit in der Therapie jedoch nicht davonkommen lassen. Ich würde Sie auffordern, mir unwiderlegbare Beweise für Ihre Behauptung zu liefern. Schon bald würden Sie zugeben, daß Sie keine Beweise dafür haben, sondern sich das lediglich denken. Und in der Tat, gleichgültig wie intelligent Sie sind, Sie könnten mir für Ihre Behauptung keine hieb- und stichfesten Beweise liefern. Und wissen Sie auch warum? Weil es eben keine Tatsache ist, sondern nur Ihre Meinung und für Meinungen gibt es keine Beweise.

„Warum ist das so wichtig, ob ein Gedanke den Tatsachen entspricht oder nicht?"

Wenn Sie sich etwas einreden, was nicht stimmt, von dem Sie aber glauben, daß es stimmt, dann hat das einen Einfluß auf Ihr Befinden. Sie fühlen sich nur dann schlecht, wenn Sie sich etwas einreden, was nicht den Tatsachen entspricht. Tatsachen machen Ihnen und mir keine schlechten Gefühle. Es sind unsere Einstellungen zu den Tatsachen, die über Ihr und mein Befinden entscheiden.

Die Frage, ob ein Gedanke den Tatsachen entspricht, hilft Ihnen zu entscheiden, ob dem so ist, wie Sie glauben, - und das ist sehr wichtig. Sie sind so fest von der Richtigkeit Ihrer negativen Einstellungen überzeugt, daß Sie nur durch ein beharrliches Überprüfen Ihrer negativen Einstellungen erkennen können, was Tatsache und was Meinung ist.

Ziel der Frage, ob Ihr Denken den Tatsachen entspricht, ist also, daß Sie lernen, Ihre negativen Einstellungen zu sich, Ihrer Vergangenheit und Ihrer Zukunft anzuzweifeln. Dies ist ein wichtiger Schritt in ein depressionsfreies Leben.

Wenn Sie sich einreden, minderwertig zu sein,
dann fühlen Sie sich auch minderwertig.

Wenn Sie in der Nacht ein verdächtiges Geräusch in Ihrer Wohnung hören würden, etwa das einer auf- und zugehenden Tür, und Ihr erster Gedanke wäre „Das ist ein Einbrecher", wie würden Sie sich dann fühlen? Sie hätten Angst. Sie würden Angst verspüren, ob da nun tatsächlich ein Einbrecher wäre oder lediglich der Wind die Tür bewegt hätte. Deshalb ist es so wichtig für Sie, daß Sie sich nicht alles unbesehen abnehmen, was Ihnen so durch den Kopf geht.

Sie fühlen, wie Sie denken, gleichgültig, welchen Bären Sie sich aufbinden. Wichtig ist nur, daß Sie sich den Bären abnehmen, und schon fühlen Sie sich entsprechend.

2. Negative Gedanken führen zu negativen Gefühlen.

Machen Sie gleich jetzt einmal folgendes kleine Selbstexperiment. Sagen Sie sich mehrmals hintereinander: „Ich bin ein Versager. Ich tauge nichts".

Wie fühlen Sie sich? Wahrscheinlich sind Sie deprimiert. Das heißt, negative Gedanken können Sie daran erkennen, daß Sie sich schlecht fühlen. Immer, wenn Sie Gefühle wie Angst und Verzweiflung verspüren oder sich sonstwie seelisch schlecht fühlen, dann haben Sie negativ gedacht. Es mag sein, daß Ihnen Ihre negativen Gedanken nicht sofort bewußt sind, aber es sind welche im Spiel. Ohne negatives Denken gibt es keine negativen Gefühle. Negative Gedanken führen nur dann nicht zu negativen Gefühlen, wenn Sie ihnen keinen Glauben schenken. Beispielsweise könnten Sie sich sagen „In meinem Zimmer ist eine Bombe, die gleich hochgeht", und Sie würden dennoch keine Angst verspüren, weil Sie nicht daran glauben.

Die beiden wichtigsten Fragen, die Sie sich also
immer wieder stellen sollten, sind:
Entspricht der Gedanke den Tatsachen?
Hilft mir der Gedanke, mich gut zu fühlen?

Was fängt man mit diesen beiden Fragen an?

Sie wissen nun also, daß der Gedanke „Die anderen sind intelligenter als ich und können alles besser, folglich tauge ich nichts und bin minderwertig" weder den Tatsachen entspricht, noch hilft er Ihnen, sich gut zu fühlen. Also weg mit dem Gedanken. Aber wie? Wie können Sie erreichen, daß Sie sich durch diesen Gedanken das Leben nicht weiterhin noch zusätzlich schwerer machen? Die Antwort ist: Sie müssen ihn durch einen anderen hilfreichen Gedanken ersetzen.

Es genügt nicht, daß Sie sich sagen: „Ich weiß, daß dieser Gedanke schädlich ist, und deshalb will ich diesen Gedanken nicht mehr denken". So leicht läßt sich ein solcher Gedanke nicht vertreiben. Abgesehen davon haben Sie ja noch das Gefühl, daß an ihm etwas dran ist. Sie wissen zwar vom Verstand her, daß dieser Gedanke schädlich ist, aber gefühlsmäßig stimmen Sie ihm immer noch zu. Außerdem kommt Ihnen der Gedanke so automatisch (er überfällt Sie quasi), daß Sie nicht verhindern können, daß er wieder auftaucht. Also was tun?

Sie können nur eines tun. Jedesmal, wenn Ihnen der schädliche Gedanke in den Sinn kommt, sollten bei Ihnen quasi die Alarmglocken schrillen oder eine rote Lampe sollte angehen.

Der erste Schritt ist also, daß Sie sich
Ihrer schädlichen Gedanken bewußt sind.

Der nächste Schritt besteht darin, daß Sie, sobald Sie einen schädlichen Gedanken entdeckt haben, diesen durch einen hilfreichen Gedanken ersetzen. Man kann einen negativen oder schädlichen Gedanken nur dadurch loswerden, daß man ihn immer wieder, so oft er auftritt, durch einen hilfreichen ersetzt. Wie macht man das und woran erkennt man einen hilfreichen Gedanken?

Ein hilfreicher Gedanke ist ein Gedanke, der
1.
den Tatsachen entspricht und
2.
Ihnen hilft, sich gut oder besser zu fühlen.

Was wäre nun ein hilfreicher Gedanke für den negativen Gedanken „Die anderen sind intelligenter als ich und können alles besser, folglich tauge ich nichts und bin minderwertig"? Ein wahrheitsgemäßer, den Tatsachen entsprechender Gedanke könnte so aussehen:

„Es gibt Menschen, die klüger sind als ich, und es gibt Menschen, denen ich etwas voraushabe. Ich bin weder minderwertig, noch stimmt es, daß ich nichts tauge, nur weil manche Menschen klüger sind als ich. Ich bin genauso wertvoll wie jeder andere auch. Der Wert eines Menschen hängt nicht davon ab, wieviel er weiß oder wie klug er ist."

Was meinen Sie? Entspricht dieser Gedanke den Tatsachen? Ja, er entspricht den Tatsachen - auch wenn Sie im Moment noch nicht davon überzeugt sind. Diesen Gedankengang gilt es nun also an die Stelle des negativen Gedankens zu setzen - und das so oft, wie Ihnen der negative Gedanke durch den Kopf geht.

„Wie oft muß ich den hilfreichen Gedanken an die Stelle des negativen Gedankens setzen, bis der negative Gedanke verschwunden ist?"

Ich kann Ihnen darauf keine verbindliche Antwort geben. Das hängt davon ab, wie hartnäckig der negative Gedanke ist, wie stark Ihre Depressionen sind, und wie konsequent Sie den negativen durch den hilfreichen Gedanken ersetzen.

Eines kann ich Ihnen jedoch versichern: Wenn Sie den negativen Gedanken, so oft er Ihnen durch den Kopf geht, durch einen hilfreichen Gedanken ersetzen, werden Sie am Ende Sieger sein. Manch negative Gedanken sind Sie schneller los, bei anderen brauchen Sie etwas Geduld und Training.

Betrachten wir nun noch einige sehr häufig auftretende Gedanken depressiver Menschen, überprüfen sie mit Hilfe dieser beiden Fragen und schauen, wie ein hilfreicher Gedanke aussehen könnte.

Häufig auftretende negative Gedanken depressiver Menschen

Negativer Gedanke

„Ich bin meiner Arbeit nicht mehr gewachsen. Das ist furchtbar. Ich bin zu nichts mehr zu gebrauchen." Wenn Sie berufstätig sind, würden Sie vielleicht noch hinzufügen: *„Wenn das noch lange so weiter geht, dann verliere ich meine Arbeit und dann ist sowieso alles aus. Das könnte ich nicht verkraften."*

1. Entspricht dieser Gedanke den Tatsachen?

Was meinen Sie? Die Antwort lautet: Ja und nein. Es mag stimmen, daß Sie Ihrer Arbeit nicht mehr gewachsen sind, daß Sie sich überfordert fühlen und länger brauchen, um die gleiche Arbeit zu erledigen. Insoweit stimmt dieser Gedanke also mit den Tatsachen überein. Wie steht es aber mit Ihrer Schlußfolgerung, daß das furchtbar ist und daß Sie zu nichts mehr zu gebrauchen sind? Ist das auch eine Tatsache? „Natürlich", werden Sie sagen. „Ich empfinde das so." Okay, Sie empfinden es so, aber heißt das auch, daß dieser Gedanke deshalb den Tatsachen entspricht?

Eine Frage: Können Sie sich vorstellen, daß es noch etwas Schlimmeres gibt als die Tatsache, daß Sie Ihrer Arbeit nicht mehr gewachsen sind? Überlegen Sie einen Moment, ehe Sie weiterlesen.

Haben Sie sich meine Frage überlegt?

Wäre es für Sie nicht schlimmer, Ihr Partner oder ein Ihnen sehr nahestehender Mensch würde sehr krank werden oder würde gar sterben? Wäre es nicht schlimmer, Sie würden durch einen Verkehrsunfall ein Bein verlieren oder gelähmt werden? „Natürlich", werden Sie antworten. Folglich ist die Tatsache, daß Sie Ihrer Arbeit nicht mehr gewachsen sind, also nicht furchtbar. Das ist eine Übertreibung. Stimmen Sie mir zu? Richtiger wäre es, wenn Sie diese Tatsache für bedauerlich oder ärgerlich hielten.

Wenn wir etwas für furchtbar halten, dann tun wir so, als sei das die schlimmste Sache der Welt, so als sei das eine absolute Katastrophe. Dem ist jedoch nicht so. Es gibt immer noch etwas, das schlimmer und tragischer ist. Deshalb tun wir uns keinen Gefallen, wenn wir uns einreden, etwas sei furchtbar, ganz abgesehen davon, daß dies nicht den Tatsachen entspricht.

Auch Ihre Schlußfolgerung, daß Sie zu nichts mehr zu gebrauchen sind, entspricht nicht den Tatsachen. Auch wenn ich Sie nicht kenne, glaube ich nicht, daß Sie gar nichts mehr tun, daß Sie zu nichts mehr zu gebrauchen sind. Auch das ist eine Übertreibung. Richtig?

Ihre depressiven Verstimmungen sind zu einem Großteil das Ergebnis verzerrten Denkens. Sie können Ihr seelisches Tief dadurch überwinden, daß Sie sich darum bemühen, dieses verzerrte und negative Denken aufzuspüren, und es durch ein realistisches Denken ersetzen.

---

2. Hilft Ihnen der Gedanke, daß Sie Ihrer Arbeit nicht mehr gewachsen sind, daß das furchtbar ist und daß Sie zu nichts mehr zu gebrauchen sind, **sich gut zu fühlen?**
Was meinen Sie? Nein. Wenn Sie so denken, dann sind Sie noch verzweifelter, Ihre Stimmung ist noch mehr im Keller.

Sie sehen: Der Gedanke entspricht weder den Tatsachen, noch hilft er

Ihnen, sich gut zu fühlen. Also: Weg mit dem Gedanken. Sie tun sich mit ihm keinen Gefallen. Ein hilfreicher Gedanke könnte so aussehen:

Hilfreicher Gedanke „Ich komme meiner Arbeit nicht mehr so gut und schnell nach wie früher. Das stimmt. Das ist aber ganz normal, wenn man depressiv ist. Sobald ich aus meinem Stimmungstief herausbin, wird mir meine Arbeit auch wieder besser von der Hand gehen. Ich helfe mir nicht, wenn ich mir einrede, daß es furchtbar ist, nicht mehr so gut mit meiner Arbeit zurechtzukommen. Wenn man sich ein Bein gebrochen hat, kann man schließlich auch nicht so gut gehen wie mit einem gesunden. So ist das auch mit meinem Tief. Statt mich dafür zu verurteilen, daß es mir schlecht geht, achte ich darauf, daß ich meine negativen Gefühle nicht noch durch negative Gedanken verstärke."

Negativer Gedanke *„Jetzt schaffst du noch nicht einmal mehr das."*

1. Entspricht der Gedanke den Tatsachen?

Es mag sein, daß Sie im Augenblick etwas nicht mehr können, was Sie früher konnten. So können Sie vielleicht nicht mehr lachen, tun sich sehr schwer, morgens aufzustehen, wo Sie früher keine Probleme hatten, aus den Federn zu kommen, Sie haben keinen Spaß mehr an Ihren Hobbies, Sie können sich nicht mehr so gut konzentrieren oder tun sich schwer, sich etwas zu merken. Dies alles entspricht den Tatsachen.

Mit Ihrer Bemerkung, daß Sie noch nicht einmal das mehr schaffen, wollen Sie jedoch noch etwas zum Ausdruck bringen: Sie wollen damit sagen, daß das furchtbar und eine Katastrophe ist. Richtig? Gefühlsmäßig kommt es Ihnen so vor, als sei das eine Tragödie. Ist dem aber wirklich so? Nein. Wie wir bereits bei der Überprüfung des letzten Gedankens gesehen haben, übertreiben wir maßlos, wenn wir uns einreden, etwas sei furchtbar. So ist es auch hier. Es ist keine Katastrophe, daß Sie sich Dinge nicht mehr so gut merken können wie früher. Es ist nicht furchtbar, daß Sie sich nicht mehr so richtig freuen können.

52

Sicher. Es wäre besser und schöner, wenn Sie diese Fähigkeiten im Augenblick hätten, aber bestimmt ist ihr Verlust keine Katastrophe - auch wenn Sie es so empfinden.

2. Hilft Ihnen der Gedanke, sich gut zu fühlen?
Beantworten Sie sich diese Frage. Hilft es Ihnen, so zu denken? Nein. Sie sind noch deprimierter, können sich noch weniger freuen, sind noch verzweifelter.

Sie sehen: Auch dieser Gedanke ist kein hilfreicher Gedanke. Folglich gilt es, auch ihn aus Ihrem Denken zu verbannen. Ersetzen Sie ihn durch einen hilfreichen Gedanken wie den:

Hilfreicher „Wenn man deprimiert ist, dann fällt einem vieles
Gedanke schwerer. Das ist zwar unangenehm, aber unvermeidbar. Ich erledige meine Arbeit, so gut es geht. Das ist alles, was ich im Moment tun kann. Sobald ich mich besser fühle, komme ich auch mit meiner Arbeit wieder besser klar."

Negativer *„Alles ist so sinnlos."*
Gedanke

1. Entspricht der Gedanke den Tatsachen?
Überlegen Sie einen Moment, ehe Sie weiterlesen. Nun, was meinen Sie? Tatsache ist, daß Sie so empfinden. Heißt das aber auch, daß tatsächlich alles sinnlos ist? Wenn Sie sich etwas Zeit nehmen und darüber nachdenken, dann werden Sie zu dem Schluß kommen, daß Sie damit übertreiben. Nicht alles ist sinnlos. Ist es sinnlos, daß Sie versuchen, sich selbst mit Hilfe dieses Buches zu helfen? Wenn Sie gerade mit „Ja" geantwortet haben, dann frage ich Sie: Woher wissen Sie das? Wie können Sie wissen, daß etwas sinnlos und vergebens ist, wenn Sie es noch gar nicht richtig ausprobiert haben? Ich sage, es ist keine Tatsache, daß alles sinnlos ist. Ist es sinnlos, daß Sie einen Partner haben? Nein. Auch wenn Ihnen im Moment alles sinnlos erscheinen mag, so ist dem bei objektiver Betrachtung nicht so. Also entspricht der Gedanke

nicht den Tatsachen.

2. Hilft Ihnen der Gedanke, sich gut zu fühlen?

Nein. Wenn Sie denken, alles sei sinnlos, dann sind Sie völlig deprimiert und machen es sich unmöglich, aus Ihrem Tief herauszukommen. Richtig?

Sie sehen:
> Ebenfalls ein sehr schädlicher Gedanke, mit dem Sie sich keinen Gefallen tun. Ein hilfreicher Gedanke hierzu wäre:

Hilfreicher Gedanke „Mir erscheint alles so sinnlos, weil ich mir häufig sage, daß alles sinnlos ist. Je mehr ich es schaffe, meine negativen Gedanken zu überwinden, umso mehr werde ich das Gefühl haben, daß mein Leben einen Sinn hat."

Negativer Gedanke *„Es ist alles so hoffnungslos."*

1. Entspricht der Gedanke den Tatsachen?

Nein. Solange Sie nicht aufgeben und vor allem, so lange Sie sich selbst nicht aufgeben, ist nichts hoffnungslos, auch wenn es Ihnen so scheint, weil Sie im Moment keinen Lichtblick sehen. Sie können Ihre Depressionen überwinden und wieder Freude verspüren - wenn Sie aufhören, sich einzureden, daß alles hoffnungslos ist.

2. Hilft Ihnen der Gedanke, sich gut zu fühlen?

Was meinen Sie? Die Antwort ist: nein. Ein solcher Gedanke zieht Ihre Stimmung nur noch mehr in den Keller und läßt alles nur noch schlimmer scheinen. Sie müssen sich schlecht fühlen, wenn Sie so denken.

Sie sehen: Wieder ein schädlicher Gedanke, den es gilt, durch einen hilfreichen Gedanken zu ersetzen. Der könnte so aussehen:

Hilfreicher Gedanke „Alles scheint mir grau in grau. Hinter den dunklen

5 4

Wolken scheint jedoch die Sonne. Wenn ich meine negativen Gedanken vertreibe, dann kommen auch wieder die Sonne und die Hoffnung zum Vorschein. Depressionen sind kein Schicksal, mit dem man sein ganzes Leben leben muß. Ich kann sie überwinden."

Negativer   *„Ich halte das nicht mehr aus."*
Gedanke

1. Entspricht der Gedanke den Tatsachen?

Überlegen Sie kurz, ehe Sie weiterlesen. Die Antwort ist: nein. Wenn Sie Ihren Zustand tatsächlich nicht mehr aushalten könnten, dann würden Sie nicht diese Zeilen lesen. Sie wären tot. Tatsache ist, Sie können Ihre depressiven Verstimmungen - oder was auch immer es ist - ertragen, auch wenn es mühsam und schmerzhaft ist. Stimmen Sie mir zu?

2. Hilft Ihnen der Gedanke, sich gut zu fühlen?

Halt, überlegen Sie erst, bevor Sie weiterlesen. Nein. Durch diesen Gedanken machen Sie Ihren Zustand nur noch unerträglicher. Sie empfinden Ihr Leid um vieles schlimmer, als es ist.

Sie sehen: Auch ein nicht hilfreicher Gedanke, dem Sie viel zusätzliches Leid verdanken, und den Sie deshalb verbannen sollten. Ein hilfreicher Gedanke wäre:

Hilfreicher   „Ich kann es ertragen, daß ich so deprimiert bin, auch
Gedanke   wenn ich mich schwer tue."

Negativer   *„Du bist zu nichts mehr zu gebrauchen."*
Gedanke

1. Entspricht der Gedanke den Tatsachen?

Was ist Ihre Meinung? Habe ich Sie gerade sagen hören, daß dieser Gedanke den Tatsachen entspricht? Sind Sie sicher? Gewiß, Sie fühlen sich so, als seien Sie zu nichts mehr zu gebrauchen, aber ist dem tatsächlich so? Nein. Sie machen vielleicht Fehler, können vieles nicht mehr so gut und schnell erledigen, deshalb aber stimmt es noch lange nicht, daß Sie zu nichts mehr zu gebrauchen sind. Sie übertreiben damit gewaltig. Richtig?

2. Hilft Ihnen der Gedanke, sich gut zu fühlen?
Nein. Durch solch einen Gedanken kommen Sie sich nur minderwertig und wertlos vor.

Sie sehen: Wieder ein negativer Gedanke. Ein hilfreicher Gedanke wäre:

Hilfreicher „Ich bewältige manches nicht mehr so gut wie früher.
Gedanke   Das ist normal, wenn man deprimiert ist. Es gibt vieles, was ich bewältige. Ich tue mir keinen Gefallen, wenn ich mich in Frage stelle, nur weil etwas nicht so läuft, wie ich es gerne hätte."

Negativer   *„Niemand kann mir helfen."*
Gedanke

1. Entspricht der Gedanke den Tatsachen?
Sie meinen, das stimmt? Woher wollen Sie das wissen? Tatsache ist: Sie denken das lediglich, ohne dafür einen Beweis zu haben. Sie müßten es auf einen Versuch ankommen lassen, d.h. sich an einen erfahrenen Therapeuten wenden.

2. Hilft Ihnen der Gedanke, sich gut zu fühlen?
Bestimmt nicht. Solch ein negativer Gedanke macht Sie nur noch mutloser und verzweifelter.

Sie sehen: Ein negativer Gedanke, den Sie durch etwa folgenden Gedanken ersetzen sollten:

Hilfreicher „Ich bin nicht der einzige Mensch auf der Welt, der de-
Gedanke

primiert ist. Anderen wurde geholfen, also kann mir
auch geholfen werden. Ehe ich nicht alles versucht habe,
kann ich nicht sagen, daß mir niemand helfen kann".

Negativer   *„Ich vergesse einfach alles. Nichts kann ich mir merken.*
Gedanke   *Ich habe total abgebaut."*

Entspricht der Gedanke den Tatsachen?
Nein. Sie vergessen manches, aber nicht alles. Richtig? Auch stimmt es
nicht, daß Sie total abgebaut haben. Das ist eine Übertreibung. Stimmen
Sie mir zu?

2. Hilft Ihnen der Gedanke, sich gut zu fühlen?
Nein. Wenn Sie so denken, dann müssen Sie deprimiert sein.

Sie sehen: Ein negativer Gedanke, der Ihnen Schaden zufügt. Ein ge-
sunder Gedanke wäre:

Hilfreicher „Manches vergesse ich und manches behalte ich. Allen
Gedanke   Menschen geht das so. Ich fühle mich schwächer, ich
habe Probleme mich zu konzentrieren, aber deshalb habe
ich körperlich und geistig noch nicht total abgebaut."

„Ich kann mir doch nicht etwas einreden, wovon ich nicht überzeugt bin."

Ist Ihnen dieser Gedanke durch den Kopf gegangen, als Sie die
hilfreichen Gedanken lasen? Höre ich Sie gerade „Ja" sagen? Wunder-
bar. Das ist nämlich ein sehr ernst zu nehmender Einwand, den Sie da
vorbringen.

Ich weiß, daß Sie sich nicht zum Spaß all die negativen Gedanken
machen. Ich weiß, daß Sie davon überzeugt sind, daß Sie mit dem, was
Sie denken, vollkommen recht haben. Ich weiß, daß Sie von Ihren
negativen Gedanken und deren Richtigkeit überzeugt sind. Ja, man

könnte fast sagen, daß Sie so davon überzeugt sind, daß vieles negativ ist, daß nichts und niemand Sie von dieser Überzeugung abbringen kann.

Wenn Ihnen jemand sagt, daß Sie zu schwarz sehen, werden Sie ihm bestimmt nicht beipflichten, sondern werden sich eher denken, daß er gut reden hat oder einfach nett zu Ihnen sein will, daß er jedoch keine Ahnung von Ihren wahren Problemen hat. Würde er - so denken Sie vielleicht - an Ihrer Stelle sein, würde er genauso denken wie Sie.

Ihre Reaktion ist verständlich und normal. Wenn man von etwas überzeugt ist, so wie Sie von der Richtigkeit Ihrer negativen Gedanken überzeugt sind, dann tut man sich erstmal sehr schwer, sich vom Gegenteil zu überzeugen. Vielleicht sieht man ja verstandesmäßig noch ein, daß man vieles zu schwarz sieht oder daß man mit dem einen oder anderen Gedanken übertreibt. Vom Gefühl her sieht es jedoch ganz anders aus, und man neigt dazu, seinen Gefühlen mehr zu glauben als seinem Verstand.

Was können Sie nun tun, um diesen Konflikt zu lösen? Ich will Ihnen diese Frage anhand eines Beispiels beantworten.

Wie man negative Denkgewohnheiten ändert

Angenommen Sie fahren mit Ihrem Wagen nach England. Sie wissen vom Verstand her, daß man in England links fährt, also halten Sie sich auch daran. Sie fahren auf der linken Straßenseite. Doch was passiert? Obwohl Sie ganz genau wissen, daß Sie 100% richtig fahren, obwohl Sie wissen, daß es schlimme Folgen haben kann, wenn Sie rechts fahren, haben Sie dennoch auf den ersten Kilometern das ungute und komische Gefühl, Sie würden falsch fahren. Dieses Gefühl, trotz besseren Wissens falsch zu handeln, werden Sie erst nach einigen hundert Kilometern verlieren, und an die Stelle des Gefühls, daß Sie falsch fahren, wird das Gefühl treten, daß es richtig ist, links zu fahren.

In dieser Situation wissen Sie ganz genau, daß es falsch wäre, Ihrem Gefühl zu folgen, das Ihnen sagt, Sie seien auf der falschen Straßenseite. Sie wissen, daß Sie Ihrem Verstand folgen müssen, der Ihnen sagt, daß man in England links fährt, und genau das würden Sie tun.

Was lehrt uns dieses kleine Beispiel? Wenn man eine Gewohnheit wie das Rechtsfahren durch eine neue Gewohnheit, nämlich das Linksfahren, ersetzen will, dann widersprechen sich Kopf und Bauch. Der Bauch, das Gefühl, sagt „Du machst das falsch", und der Kopf sagt „Du machst es genau richtig". Für einige Zeit muß man mit diesem Widerspruch leben. Ist man einige Zeit seinem Verstand gefolgt, dann stellt sich auch das Gefühl, richtig zu handeln, ein. Kopf und Bauch stimmen dann überein.

In Bezug auf Ihre negativen Gedanken heißt das: Wenn Sie beginnen, einen negativen Gedanken durch einen hilfreichen Gedanken zu ersetzen, dann werden Sie die erste Zeit das Gefühl nicht los, daß Sie sich etwas vormachen oder daß Sie sich belügen. Sie haben den Eindruck, daß Sie sich etwas einreden, was gar nicht stimmt. Dieses komische Gefühl werden Sie jedoch verlieren, wenn Sie fortfahren, sich immer wieder Ihre einmal als hilfreich erkannten Gedanken vor Augen zu halten. Je öfter Sie sich Ihre hilfreichen Gedanken vorsagen, desto weniger werden Sie das Gefühl haben, sich etwas vorzumachen. Die Devise heißt also: üben, üben, üben ...

Die 5 Phasen des Umlernens

Ich will Ihnen das Eine-Gewohnheit-durch-eine-andere-Ersetzen nochmals kurz darstellen, da dies wirklich ein ganz wichtiger Punkt ist. Der Prozess des Umlernens sieht so aus:

Die erste Stufe:
Theoretische Einsicht

Dies ist die einfachste Stufe. Sie sehen ein oder wissen, daß Sie sich durch bestimmte negative Gedanken deprimiert machen. Sie wissen auch, durch welche hilfreichen Gedanken Sie Ihre deprimierenden Gedanken ersetzen können, so daß Sie sich besser fühlen. Theoretisch ist Ihnen also alles klar.

Schauen wir uns die Gedanken von Matthias an, der vor einer Prüfung stand.

B: Gedanken: Bestimmt kriege ich kein Wort heraus. Wenn ich durchfalle, ist alles aus. Das wäre eine Katastrophe. Das könnte ich nicht ertragen.

Durch die beiden Merkmale negativen Denkens, die Matthias auf seinen Gedanken angewendet hat, weiß er, daß seine ängstlichen Gedanken zwangsläufig dazu führen müssen, daß er panische Angst hat, und daß es für ihn unmöglich ist, mit solch negativen Gedanken gelassen in die Prüfung zu gehen. Also hat er sich überlegt, wie er stattdessen über die bevorstehende Prüfung denken könnte, welche Gedanken ihm helfen könnten, weniger aufgeregt zu sein. Die könnten so aussehen:

B: Gedanken: Ich habe mich gut vorbereitet. Ich lasse die Prüfung auf mich zukommen. Selbst wenn ich einen Augenblick blockiert sein sollte und mein Kopf scheinbar leer wäre, ist das keine Katastrophe. Prüfer sind auch Menschen und haben dafür Verständnis. Ich wäre nicht der erste, dem so etwas passierte. Meine Denkblockade wird sich nach kurzer Zeit wieder auflösen, wenn ich ein paar Mal tief durchatme und mich kurz entspanne. Wenn ich die Prüfung nicht bestehe, wäre das zwar unangenehm, aber kein Weltuntergang. Dann wiederhole ich die Prüfung eben.

Matthias kennt also seine angstauslösenden Gedanken und weiß, welche hilfreichen Gedanken er diesen entgegensetzen könnte, um ruhiger und gelassener in die Prüfung zu gehen. Dies ist die 1. Stufe.

2. Stufe:
Übung

In dieser Stufe geht es nun darum, daß Matthias seine neuen und als hilfreich erkannten Gedanken einübt. Konkret bedeutet das, daß er sich diese immer wieder laut vorsagt und sie übt. Wenn er dies tut, dann kommt er sofort in die 3. Stufe, die ihre Tücken hat, und an der das ganze Umdenken scheitern kann.

3. Stufe:
Widerspruch zwischen Kopf und Bauch

Wenn sich Matthias seine hilfreichen Gedanken vorsagt, wird er das Gefühl haben, sich etwas einzureden, sich etwas in die Tasche zu lügen oder sich selbst zu bescheißen. Er verspürt immer noch die gleiche Angst und hat immer noch das Gefühl, es käme einem Weltuntergang nahe, wenn er durchfiele, und im selben Atemzug redet er sich ein, daß es kein Weltuntergang wäre, durchzufallen.

Zugegeben, eine blöde, aber unvermeidliche Situation, wenn er lernen möchte, seine Prüfungsängste abzulegen. Um diesen Konflikt zwischen Kopf und Bauch kommen auch Sie nicht herum, wenn Sie Ihre schädlichen Einstellungen ändern, sprich, wenn Sie lernen möchten, umzudenken. Durch diese Stufe müssen Sie durch, mit diesem Konflikt müssen Sie eine gewisse Zeit leben. Wenn Sie das tun, kommen Sie in die vierte Stufe.

Wenn Patienten in der Therapie auf dieser Stufe des Umlernens sind, verwende ich viel Zeit darauf, mit ihnen über diesen Konflikt zu sprechen. Viele Menschen meinen nämlich, es sei blödsinnig, sich etwas einzureden, das man gefühlsmäßig ablehne, oder dem man gefühlsmäßig nicht zustimmen könne. Sie wollen damit ausdrücken, daß man nur solche Dinge annehmen kann und soll, denen man innerlich zustimmt. Auf seinen Verstand zu hören sei kopflastig.

In bestimmten Situationen ist es jedoch sehr klug, auf seinen Verstand zu hören und sein Gefühl nicht zu beachten. Das Rechtsfahren ist eine Gewohnheit. Sie kann nur abgelegt und durch eine neue (das Linksfahren) ersetzt werden, wenn man sie bewußt verändert und dabei in Kauf nimmt, daß man die erste Zeit ein ungutes Gefühl dabei hat. So verhält es sich auch mit der Gewohnheit, sich deprimierende Gedanken zu machen. Diese Gewohnheit können Sie nur ablegen, wenn Sie bereit sind, für einige Zeit das Gefühl in Kauf zu nehmen, daß Sie sich etwas einreden, dem Sie gefühlsmäßig (noch) nicht zustimmen können.

Auf sein Gefühl zu hören, ist nur dann sinnvoll, wenn unsere Gedanken, die dieses Gefühl erzeugen, den Tatsachen entsprechen und uns helfen, uns der Situation angemessen zu fühlen.

4. Stufe:
Kopf und Bauch stimmen überein

Sie haben es geschafft. Herzlichen Glückwunsch. Sie fühlen sich so, wie Sie denken. Sie haben nicht länger das Gefühl, sich etwas einzureden oder vorzumachen. Matthias sagt sich, daß es kein Weltuntergang wäre, durch die Prüfung zu fallen, und gefühlsmäßig kann er dem zustimmen. Seine panische Angst ist verschwunden, er ist ruhiger und sein Körper ist entspannter. Nun heißt es, noch die letzte Stufe zu erklimmen.

5. Stufe:
Neue Gewohnheit

Diese Stufe erreichen Sie, wenn Sie Ihre neuen und hilfreichen Gedanken weitertrainieren, bis sie Ihnen in Fleisch und Blut übergegangen sind. In dieser Stufe denken Sie automatisch so, wie es für Sie gut ist, und das Gefühl, sich etwas vorzumachen, ist völlig verschwunden.

Jeder Mensch - also auch Sie - muß diese 5 Stufen durchlaufen, wenn er eingefahrene Denk-, Gefühls- und Verhaltensweisen verändern möchte. Sie können keine dieser Stufen überspringen. Veränderungen gehen eben nur Schritt-für-Schritt vor sich.

Ein sehr häufiger Einwand

„Ich hätte doch nicht das Gefühl, daß alles sinnlos und hoffnungslos ist, wenn dem nicht so wäre. Da muß doch was dran sein. Ich hab´ doch nicht grundlos dieses Gefühl."

Meine Antwort darauf ist:

Sie haben vollkommen recht. Sie haben nicht grundlos diese negativen Gefühle. Daß Sie jedoch diese Gefühle verspüren, hat nichts damit zu tun, daß tatsächlich alles sinnlos oder hoffnungslos ist, sondern nur damit, daß Sie *denken,* dem sei so. Sie fühlen, wie Sie denken. Nehmen Sie Ihr Gefühl der Hoffnungslosigkeit, überhaupt jedes andere Gefühl, nicht als Beweis dafür, daß dem so ist, wie Sie sich fühlen. Ihre Gefühle sagen nichts über die Wirklichkeit aus, sondern nur darüber, wie Sie denken. Deshalb ist es so wichtig, daß Sie mehr auf Ihr Denken achten und sich darauf trainieren, den Tatsachen entsprechend zu denken. Ihr Gehirn arbeitet wie ein Computer. Es verarbeitet, was Sie ihm als Programm eingeben. Es kann nicht selbständig entscheiden, ob Ihr Gedanken-Programm gut oder schlecht ist. Das müssen Sie mit Hilfe der beiden Regeln für gesundes Denken entscheiden.

Aufgaben zur Vertiefung des Gelesenen

1. Gehen Sie noch einmal zu den negativen Gedanken zurück, die unter der Überschrift <Häufig auftretende negative Gedanken depressiver Menschen> in diesem Kapitel stehen. Schauen Sie, welche negativen Gedanken auch Ihnen häufig durch den Kopf gehen und schreiben Sie sich die hilfreichen alternativen Gedanken auf ein Stück Papier, das Sie immer bei sich tragen.

2. Lesen Sie sich diesen Zettel jeden (!) Tag mindestens fünfmal durch. Worauf es nun ankommt, ist, daß Sie Ihre übertrieben negativen Gedanken durch hilfreiche Gedanken ersetzen. Das erfordert Zeit und Training.

3. Nehmen Sie Ihr Gedankenprotokoll zur Hand und stellen Sie sich bei jedem Gedanken, den Sie notiert haben, die Fragen: „Entspricht der Gedanke den Tatsachen?" und „Hilft mir der Gedanke, mich so zu fühlen, wie ich mich fühlen möchte?". Ist Ihre Antwort „nein", dann formulieren Sie den Gedanken so um, daß er den Tatsachen entspricht und Ihnen hilft, sich besser zu fühlen.

Was möchte ich mir von diesem Kapitel merken?

1. _____

2. _____

3. _____

4. _____

5. _____

Haben Sie sich die Mühe gemacht und nachgeschaut,
wieviel von diesem Kapitel Sie sich gemerkt haben?

Wenn nein, dann tun Sie es jetzt, ehe Sie weiterlesen.
Sie können nur von einem Wissen profitieren,
das Sie haben.

Unsere 3. Therapiesitzung

In der 3. Sitzung würde ich die Hausaufgaben mit Ihnen besprechen. Wir würden nochmals sehr ausführlich über das übertrieben negative Denken sprechen und woran man es erkennen kann. Wir würden anhand von Beispielen aus Ihrem Leben üben, negative Gedanken zu erkennen und durch hilfreiche zu ersetzen.

In der 3. Sitzung würden Sie mir vielleicht verzweifelt sagen: „Ich schaffe das einfach nicht mit dem Umdenken. Meine negativen Gedanken kommen immer wieder zurück. Die sind einfach stärker als ich. Ich bin zu schwach. Das hat doch alles keinen Sinn."

Ich wäre auf Ihre Äußerung vorbereitet, da mir dies alle meine depressiven Patienten irgendwann in der Therapie sagen. Ihre Erfahrung, daß negative Gedanken sich nicht einfach abstellen lassen, nur weil man erkannt hat, daß sie einem schaden, machen alle depressiven Menschen.
Ihre übertrieben negativen Gedanken sind sehr hartnäckig. Es ist schlichtweg unmöglich, daß Sie von heute auf morgen in der Lage sind, sie auszumerzen. Diese negativen Gedanken sind wie ein Stehaufmännchen. Hat man sie für einen Moment durch einen hilfreichen Gedanken vertrieben, kommen sie im nächsten Moment wieder zum Vorschein. Das ist die Eigenart negativer Denkgewohnheiten. Daran können Sie vorerst nichts ändern. Sie können nur eines tun: So oft Ihnen ein negativer Gedanke durch den Kopf geht, so oft ersetzen Sie ihn durch einen hilfreichen Gedanken. Je öfter Sie das tun, umso schwächer wird der negative Gedanke, und umso mehr tritt an dessen Stelle der hilfreiche Gedanke.
Es kann Wochen und Monate dauern, bis Sie am Ziel sind. Eines ist jedoch gewiß: Sie können es schaffen und Sie werden es schaffen, wenn Sie die Flinte nicht ins Korn werfen.
In der 3. Stunde würden wir uns auch über eine besondere Art negativen Denkens unterhalten, nämlich über Ihre Selbstvorwürfe. Ich würde mit Ihnen ganz gezielt über Ihr Selbstbild sprechen, d.h.

darüber, wie Sie sich sehen und selbst einschätzen. Ich würde Ihnen erklären, daß Sie mit Ihren Selbstvorwürfen und Ihrer Selbstkritik nur eines erreichen: Sie fühlen sich schlecht.

Zu einer erfolgreichen Therapie Ihrer Depressionen gehört auch, daß Sie lernen, weniger hart und streng mit sich umzugehen. Solange Sie so schlecht von sich denken, müssen Sie auch so deprimiert sein, wie Sie es sind.

Am Ende der 3. Stunde würde ich Ihnen folgende Hausaufgabe geben:

1. Sie sollten sich die Kapitel 7 und 8 durchlesen und die darin enthaltenen Übungen machen.

Also, fangen Sie an. Beginnen Sie bei Kapitel 7 und lesen Sie es sehr sorgfältig durch. Lassen Sie sich Zeit. Überfordern Sie sich nicht. Wenn Sie merken, daß es Sie anstrengt, machen Sie eine Pause. Wenn Sie merken, daß Sie sich nicht konzentrieren können, dann registrieren Sie das ruhig und machen sich klar, daß das nun mal so ist, wenn man deprimiert ist. Verurteilen Sie sich also nicht dafür.

Haben Sie Geduld mit sich und arbeiten Sie dieses und das 8. Kapitel in einem Ihnen angenehmen Tempo durch. Einverstanden?

Haben Sie in den vergangenen Tagen 3 Mal täglich den Hoffnungstext aus Kapitel 3 gelesen?

7
Selbstvorwürfe und was Sie dagegen tun können

Seit Sie so deprimiert sind, aber auch schon vorher, als Sie sich noch besser fühlten, haben Sie eine negative Angewohnheit: Sie lassen keine, aber wirklich auch keine einzige Gelegenheit aus, um sich Vorwürfe zu machen. Tag für Tag finden Sie Hunderte von Anlässen, um sich zu kritisieren und klein zu machen. Ja, es scheint, als seien Sie süchtig danach, sich selbst und anderen immer wieder zu beweisen, daß nichts (mehr) mit Ihnen los ist.

Warum, warum, warum

Die häufigste Frage, die Sie sich vermutlich tagtäglich aufs neue stellen, beginnt mit dem Wort „Warum ...". Sie können nicht mehr so lachen und Freude empfinden wie früher und schon fragen Sie sich: „Warum kann ich nicht mehr so lachen wie früher?". Sie können sich nicht mehr so durchsetzen, haben Ihr Selbstvertrauen verloren und fragen sich: „Warum kann ich mich nicht wehren?". Ihre Arbeit geht Ihnen schwer von der Hand und Sie fragen sich: „Warum kann ich nicht mehr wie früher arbeiten?". Sie haben das Interesse an Ihrem Hobby verloren und fragen sich: „Warum macht mir das keinen Spaß mehr?". Sie haben Probleme, sich zu konzentrieren und sich etwas zu merken, und fragen sich: „Warum kann ich mir nichts mehr merken?". Sie ertappen sich dabei, daß Sie sich negative Gedanken machen, und fragen sich: „Warum denke ich immer nur negativ?". Sie erfahren durch dieses Buch, daß Sie sich durch Ihr negatives Denken das Leben schwermachen und fragen: „Warum mache ich mir das Leben so schwer?". Sie stellen fest, daß Sie sich häufig nervös und gehetzt fühlen, und fragen: „Warum bin ich nicht ausgeglichener?". Sie spüren, wie jeder Tag für Sie eine Qual ist und fragen: „Warum muß ich jeden Tag kämpfen?".

Diese Warum-Fragen sind keine Fragen, auf die Sie ernsthaft eine Antwort suchen. Es sind vielmehr Fragen, mit denen Sie eine Überzeugung zum Ausdruck bringen möchten. Welche Überzeugung wollen Sie mit Ihren „Warum"-Fragen kundtun? Sie wollen mit diesen Fragen zum Ausdruck bringen, daß Sie anders sein sollten, als Sie sind. Sie fordern von sich: „Ich sollte nicht so negativ denken. Ich sollte keine Probleme haben, mich zu konzentrieren und mir etwas zu merken. Ich sollte genauso gut arbeiten können wie früher. Ich sollte genauso viel Spaß an meinem Hobby haben wie früher. Ich sollte mich mehr durchsetzen können. Ich sollte mich nicht so gehenlassen. Ich sollte nicht so deprimiert sein. Ich sollte nicht so negativ denken. Ich sollte ausgeglichener sein". Richtig?

Mit diesen Warum-Fragen stellen Sie an sich also Forderungen. Sie fordern von sich, anders sein zu müssen, als Sie es sind. Und was ist die Folge davon? Da Sie nicht so sind, wie Sie es von sich verlangen, machen Sie sich bittere Vorwürfe „Mit mir ist nichts (mehr) los" und bemitleiden sich „Wie schrecklich, wie furchtbar. Ich ertrag´ das nicht". Sie werten sich ab und fühlen sich infolgedessen noch „kleiner" und minderwertiger. Ihre Stimmung geht noch mehr in den Keller und Sie sind noch verzweifelter.

Auf all Ihre „Warum bin ich so"-Fragen gibt es
nur eine einzige vernünftige Antwort. Sie lautet:
weil ich depressiv bin.

Weil Sie depressiv sind, können Sie sich schlechter konzentrieren. Weil Sie depressiv sind, können Sie sich nicht mehr freuen. Weil Sie depressiv sind, geht Ihnen Ihre Arbeit schwer von der Hand, und selbst einfache Verrichtungen erscheinen Ihnen wie ein unüberwindliches Hindernis. Weil Sie depressiv sind, können Sie sich nicht mehr wie früher zur Wehr setzen. Weil Sie depressiv sind, können Sie kaum mehr Freude empfinden. Weil Sie depressiv sind, denken Sie so häufig negativ, und Sie sind deprimiert, weil Sie schon lange Zeit negativ denken.

Das heißt, Sie sind deprimiert, weil Sie schon über viele Jahre hinweg negativ denken, und weil Sie deprimiert sind, „sollten" Sie sich auch so fühlen und verhalten, wie Sie es im Augenblick tun. Zum Wesen einer Depression gehört es nun mal, daß man vieles nicht mehr so gut bewältigen kann wie früher.

Wenn Sie von sich verlangen, Sie sollten sich anders verhalten und fühlen können, dann verlangen Sie etwas Unmögliches von sich. Das ist genauso, als würden Sie sich das Bein brechen und dann von sich verlangen, Sie müßten genauso unbeschwert und schnell gehen können wie mit einem gesunden Bein. Daß das nicht geht, ist Ihnen unmittelbar einsichtig. Richtig?

Wenn man ein gebrochenes Bein hat, dann muß man für einige Zeit langsamer machen. Man muß sich mehr Zeit nehmen und muß in Kauf nehmen, daß manches umständlicher und beschwerlicher ist. Ihr Bein wird nicht schneller heilen, wenn Sie sich Vorwürfe machen, daß Sie so unachtsam oder tollpatschig waren. Im Gegenteil: Durch Selbstvorwürfe dieser Art würden Sie sich neben den körperlichen Schmerzen auch noch seelische Schmerzen zufügen. Sie würden Ihr Leid vermehren.

Ihre Depression ist in gewisser Weise mit einem gebrochenen Bein vergleichbar. Sie können mit ihr nicht so denken, fühlen und handeln, als hätten Sie keine Depression. Sie haben nur die Möglichkeit, im Moment darauf Rücksicht zu nehmen und sich nicht zu überfordern.

Machen Sie sich keine Vorwürfe, daß Sie depressiv sind. Dadurch verschlimmern Sie Ihre Depressionen, und das möchten Sie doch nicht, oder?

Wenn Sie von sich verlangen, Sie sollten sich anders verhalten können, dann überfordern Sie sich bzw. verlangen etwas Unmögliches von sich. Wenn Sie sich Vorwürfe machen, daß Sie nicht mehr wie früher sind, dann verschlimmern Sie Ihre depressiven Gefühle. Sie machen sich dann quasi darüber deprimiert, daß Sie deprimiert sind, und das hat dann zur Folge, daß Ihre Stimmung noch tiefer sinkt und Ihre Hoffnungslosigkeit größer wird.

Schonen Sie sich

Nehmen Sie die nächsten Monate etwas mehr Rücksicht auf sich und Ihren angeschlagenen Zustand. Wenn Sie sich dabei ertappen, daß Sie sich durch „Ich sollte-Gedanken" antreiben und von sich - gemessen an Ihrem Gesundheitszustand - etwas Unmögliches verlangen, etwa, daß Sie genauso schnell arbeiten können sollten wie früher, dann sagen Sie sich:

> „Stop. Das Letzte, was ich jetzt brauchen kann, ist, daß ich mich überfordere. Ich brauche Ruhe und Schonung. Ich mache so viel, wie ich kann, und so gut, wie ich es kann, und nicht mehr. Wenn es mir wieder besser geht, dann kann ich auch mehr von mir verlangen. Im Moment tue ich mir nichts Gutes, wenn ich mich wie ein Sklaventreiber antreibe."

Denken Sie an das Beispiel mit dem gebrochenen Bein. Machen Sie sich klar, daß man mit einem gebrochenen Bein nicht so schnell und so gut gehen kann wie mit einem gesunden. Und denken Sie daran, daß man ein gebrochenes Bein eine gewisse Zeit schonen muß. Auch Sie brauchen Schonung und das mehr denn je. Vermeiden Sie deshalb im Augenblick große und wichtige Entscheidungen wie etwa eine Kündigung, Trennung oder einen Wohnungswechsel.

> „Aber ich bin doch jetzt schon so lange depressiv.
> Irgendwann muß es doch einmal besser werden."

Ihr Stimmungstief wird sich bessern, wenn Sie aufhören, von sich mehr zu verlangen, als das, wozu Sie im Moment fähig sind, und wenn Sie aufhören, sich Vorwürfe zu machen, daß Sie nicht so können, wie Sie möchten. Ganz bestimmt helfen Sie sich nicht, wenn Sie sich antreiben und Druck auf sich ausüben. Im Gegenteil: Damit schaden Sie sich nur.

Daß Sie sich noch nicht besser fühlen, kommt daher, daß Sie bisher nicht wußten, wie Sie Ihre Depressionen überwinden können. Wie also soll es Ihnen besser gehen, wenn Sie bisher nicht wußten, was Sie dazu beitragen können, damit es Ihnen besser geht? Sie sehen: Wieder verlangen Sie etwas Unmögliches von sich.

Haben Sie sich etwa gerade Vorwürfe gemacht, daß Sie nicht von selbst darauf gekommen sind, wie Sie sich helfen können? Kreiden Sie es sich an, daß Sie bisher nicht in der Lage waren, sich aus eigener Kraft aus dem Sumpf der Depressionen zu ziehen?

Haben Sie Geduld mit sich und bitte: Verurteilen Sie sich nicht dafür, daß Sie sich verurteilen. Machen Sie sich keine Vorwürfe, daß Sie sich Vorwürfe machen. Wenn meine Patienten erst einmal erkannt haben, welchen Schaden sie bei sich durch ihre Selbstverurteilung und ihre Selbstvorwürfe anrichten, dann verlangen sie von sich, sich nicht mehr zu verurteilen - weil es ja schädlich ist. Tun sie es dennoch, dann verurteilen sie sich erneut dafür, daß sie sich verurteilen.

Auch Ihnen wird es passieren, sehr oft sogar, daß Sie etwas tun, von dem Sie durch die Lektüre dieses Buches wissen, daß es nicht gut für Sie ist, und dann fallen Sie über sich her und machen sich Vorwürfe, daß Sie so etwas Dummes tun konnten. Ich glaube, es ist an der Zeit, Ihnen etwas über Gewohnheiten zu erzählen.

Gewohnheiten - die Dirigenten unseres Lebens

Alles, was man lange und oft genug wiederholt, geht einem ab einem bestimmten Zeitpunkt leicht und automatisch von der Hand. Denken Sie nur einmal an das alltägliche Beispiel der Jahreszahl. Ein Jahr lang schreiben Sie unzählige Male eine Jahreszahl. Das Schreiben der Zahl geht Ihnen flüssig von der Hand. Sie brauchen nicht lange zu überlegen, welches Jahr wir gerade haben. Sie wissen das in- und auswendig und schreiben automatisch die richtige Jahreszahl auf den Brief. Doch was passiert, wenn ein neues Jahr anbricht? Sie wissen dann zwar, daß ein neues Jahr angebrochen ist, aber dennoch geht Ihnen die neue Jahreszahl nicht so flüssig von der Hand. Ja, die ersten Male schreiben Sie vielleicht sogar noch ganz automatisch die alte Jahreszahl auf den Brief. Die Macht der Gewohnheit hat zugeschlagen.

Nun ist das mit der Jahreszahl ein vergleichsweise harmloses Beispiel. Eine Jahreszahl „trainiert" man nur 365 Tage. Viele andere Gewohnheiten, und hierzu zählt auch unser Denken, trainiert man jedoch vielleicht bereits seit 10.000 und mehr Tagen.

Nehmen Sie nur einmal die Angewohnheit, sich zu verurteilen und sich Vorwürfe zu machen. Wie lange haben Sie diese Angewohnheit schon? Sicherlich nicht erst, seitdem Sie deprimiert sind. Die Angewohnheit, sich zu verurteilen, lernen wir bereits als Kinder, nämlich, wenn unsere Eltern mit uns schimpfen oder uns für Fehler und Schwächen verurteilen.

Ein Psychologe hat errechnet, daß Kinder bis zum Alter von 5 Jahren durchschnittlich 40.000 mal kritisiert werden. Wenn das stimmt, und wir wollen uns nicht um einige tausend Male streiten, dann haben wir alle schon sehr früh etwas über uns gelernt, nämlich, daß etwas nicht mit uns stimmt, daß wir Seiten an uns haben, die man nicht mögen kann, und daß wir uns dafür verurteilen müssen. Wenn Sie 40 Jahre alt sind, dann haben Sie also quasi 35 Jahre Training im Sich-Verurteilen und Minderwertig-Fühlen. Sie haben also die Gewohnheit entwickelt, sich in bestimmten Situationen abzuwerten. Nur weil Sie nun eines Tages beschließen, sich nicht mehr verurteilen zu wollen, wird das Ihre jahrzehntealte Gewohnheit nicht abhalten, bei nächster Gelegenheit wieder zuzuschlagen. Es ist völlig unrealistisch von Ihnen und jedem anderen, zu erwarten, eine solch starke Gewohnheit in ein paar Tagen ablegen zu können.

Das heißt nicht, daß es unmöglich ist oder daß man Jahre dazu braucht. Das heißt nur, daß Sie nicht verhindern können, daß Ihre Gewohnheit, sich zu verurteilen, wieder zuschlägt.

Es ist also nicht Ihre Schuld, wenn Sie sich zum wiederholten Male verurteilen, wo Sie sich doch vorgenommen haben, es zu unterlassen, und es ist auch kein Beweis dafür, daß Sie zu dumm oder nicht in der Lage sind, mit dieser alten Gewohnheit zu brechen. Es ist auch nicht Ihre Schuld, wenn Sie sich zum wiederholten Male bei einem Gedanken ertappen, von dem Sie wissen, daß es ein schädlicher und negativer Gedanke ist. Und ganz bestimmt helfen Sie sich nicht, wenn Sie sich dafür verurteilen („Ich weiß doch, daß das ein negativer Gedanke ist. Warum denke ich den immer noch. Ich bin halt zu blöd. Ich schaff´ das nie").

Negativ zu denken ist eine Angewohnheit,
und Angewohnheiten legt man nicht einfach deshalb ab,
weil man erkannt hat, daß sie schädlich sind.

Sie können diese Gewohnheit und viele andere ablegen - aber nicht von heute auf morgen. Sie brauchen dafür Zeit und Geduld.

Was möchte ich mir von diesem Kapitel merken?

1. _____

2. _____

3. _____

4. _____

5. _____

8
Minderwertigkeitsgefühle
und was Sie dagegen tun können

Sie neigen dazu, sich häufig zu kritisieren? Sie sagen sich, daß Sie minderwertig und wertlos sind? Dann sind die Folgen Ihrer abwertenden Selbstgespräche Gefühle der Minderwertigkeit, mangelndes Selbstvertrauen und Niedergeschlagenheit bis hin zu Depressionen.

Die Vorwürfe und selbstabwertenden Gedanken entstanden in Ihren ersten Lebensjahren, in denen Sie vor allem die Erwachsenen, aber auch Gleichaltrige, bewußt und unbewußt ständig auf Ihre Fehler und Schwächen aufmerksam gemacht und Sie mit Worten und abweisendem Verhalten bestraft haben, wenn Sie nicht so waren, wie sie es von Ihnen verlangten: „Du taugst nichts", „Aus dir wird nie etwas werden", „Mit dir muß man sich nur ärgern", „Du dumme Gans", „Du bist das schwarze Schaf der Familie", „Du hast zwei linke Hände", „Du bist ein Tollpatsch", „Du machst uns nur Schande", „Du bist und bleibst ein Versager", „Du bist stinkfaul", „Mit dir hat man nur Scherereien".

An manchen Tagen prasselten solche entmutigenden und verletzenden Worte wie ein Hagelgewitter zu Hunderten auf Sie ein. Immer und immer wieder gaben Ihnen Ihre Eltern über viele Jahre hinweg das Gefühl, daß Sie nicht liebenswert sind.

Ihre Eltern leben heute, auch wenn sie schon lange gestorben sind, in Form von Selbstgesprächen in Ihnen weiter. Diese negative und herabsetzende Stimme in Ihnen ist nichts anderes als der Vater, die Mutter oder eine andere wichtige Person, der oder die auf Sie einen großen Einfluß hatte.

So wie Ihre Eltern Sie früher beobachtet und Sie für Ihr Fehlverhalten kritisiert haben, so beobachten und kritisieren Sie sich heute.

Minderwertigkeitsgefühle - die Folge selbstabwertender Gedanken

Minderwertigkeitsgefühle entstehen nie durch Tatsachen wie abstehende Ohren, eine nicht bestandene Prüfung, einen Fehler bei der Arbeit oder durch Ablehnung von anderen. Minderwertigkeitsgefühle entstehen nur durch eine unangemessene oder falsche Bewertung dieser Tatsachen.

Schauen wir uns ein Beispiel an. Monika, eine Patientin, antwortete auf meine Frage, warum sie sich minderwertig fühle:

„weil ich mich nicht durchsetzen kann,

weil mich niemand ernst nimmt,

weil ich so viele Wissenslücken habe,

weil ich mich nicht so gut ausdrücken kann,

weil ich nichts Besonderes erreicht habe,

weil ich zu dick bin,

weil ich so viele Fehler mache,

weil ich keine Freunde habe,

weil ich mich nicht entscheiden kann,

weil ich mich bei Süßigkeiten nicht beherrschen kann."

Monika folgert also aus bestimmten Verhaltensweisen von sich, daß sie minderwertig sein müsse. Sie kann sich nicht so durchsetzen, wie sie es gerne täte und bewertet diese Tatsache als Beweis, daß sie minderwertig ist. Sie merkt, daß sie Wissenslücken hat, und folgert daraus, minderwertig sein zu müssen.

Ist das aber die einzig mögliche Schlußfolgerung? Was meinen Sie? Entspricht Monikas Schlußfolgerung den Tatsachen? Was würden Sie ihr sagen?

Monika begeht einen Denkfehler, den viele Menschen begehen. Monikas Schlußfolgerung entspricht nicht den Tatsachen. Genausogut könnte Monika auch schlußfolgern, daß sie ein liebenswerter Mensch ist, der wie alle anderen Menschen auch seine Fehler und Schwächen hat.

Wenn Monika diese Schlußfolgerung ziehen würde, wenn Monika ihre Fehler und Schwächen also nicht zum Anlaß nehmen würde, um von sich als Mensch gering zu denken, dann würde sie sich auch besser fühlen. So aber muß sie verzweifelt und deprimiert sein. Jeder Mensch, der von sich denkt, minderwertig zu sein - gleich aus welchem Grund -, muß sich auch minderwertig fühlen.

Ich weiß, daß in Ihren Augen alles dafür spricht, daß Sie unnütz oder minderwertig sind. Sie können eine Reihe von „Beweisen" für Ihre negative Meinung von sich anführen. Sie sind ein Meister darin, Ihre Erfahrungen immer wieder so zu interpretieren, daß Ihr negatives Selbstbild bestätigt wird.

Für Monika war es erwiesen, daß sie eine völlige Versagerin und nicht liebenswert war. Alles, was sie erlebte, war in ihren Augen nur ein weiterer Beweis für ihre vermeintliche Minderwertigkeit. Wenn ihr Mann schlecht gelaunt von der Arbeit nach Hause kam, weil er sich über seinen Chef oder einen Kunden geärgert hatte, dann war dies in Monikas Augen der Beweis, daß er sie nicht mehr liebe und sie deshalb nicht mehr liebenswert sei. Wenn ihre Tochter den Bus zur Schule verpaßte, weil sie mal wieder nicht aus den Federn gekommen war, dann sah das Monika als Beweis dafür an, daß sie eine miserable Mutter sein müsse und als Mutter total versagt habe. Wenn ihr Mann ihr ein Kompliment für das Essen machte, dann dachte sie sich: „Er nimmt nur Rücksicht auf meine schlechte seelische Verfassung, weil er denkt, ich würde seine Kritik nicht verkraften. In Wahrheit war das Essen miserabel. Ich kann noch nicht einmal mehr kochen. Ich bin ein Versager".

Die Entscheidung von Monika, aber auch von Ihnen, sich für minderwertig zu halten, ist vollkommen willkürlich und aus der Luft gegriffen, d.h. die Maßstäbe, nach denen Monika und Sie sich als Mensch beurteilen, sind vollkommen subjektiv. Genausogut könnte Monika auch sagen, sie sei minderwertig, weil sie statt braune „nur" blonde Haare hat, oder weil sie statt Schuhgröße 36 „nur" Schuhgröße 34 hat.

Monika und Sie, lieber Leser, begehen aber noch einen weiteren schwerwiegenden Fehler. Sie beide setzen ihr Verhalten, ihr Äußeres oder ihre Eigenschaften mit ihrer Person gleich. Haben Sie in Ihren

Augen ein paar Kilo zuviel, eine große Nase oder Zahnlücken, dann halten Sie sich für minderwertig. Tun Sie in Ihren Augen etwas Schlechtes, dann sind Sie in Ihren Augen auch schlecht. Sie trennen also Ihr Verhalten nicht von Ihrem Wert als Mensch, sondern werfen beides in einen Topf.

Wenn Sie beispielsweise durch eine Prüfung fallen, dann ist es korrekt, zu sagen, daß Ihre Leistung schlecht war. Es wäre jedoch vollkommen irrational, wenn Sie sich deshalb einen Versager nennen würden oder sich für minderwertig hielten.

Würden Sie lediglich Ihr Verhalten beurteilen, d.h. dieses als gut oder schlecht einstufen - wogegen überhaupt nichts einzuwenden ist -, dann hätten Sie kaum seelische Probleme. Schwere seelische Probleme wie Depressionen bekommen Sie erst dann, wenn Sie die schlechte Beurteilung Ihres Verhaltens auch auf Ihre Person ausdehnen.

Bemühen Sie sich deshalb, den Wert Ihres Verhaltens von dem Wert, den Sie als Mensch haben, zu trennen. Verurteilen Sie Ihr Verhalten, aber verurteilen Sie sich nicht als Mensch. Wenn es möglich ist, Ihre Fehler und Schwächen auszumerzen, dann tun Sie es. Können Sie Ihre Schwächen nicht ausmerzen, dann akzeptieren Sie sich als einen fehlerhaften Menschen, aber verurteilen Sie sich nicht.

Mal ehrlich: Würden Sie mich für minderwertig halten, wenn ich dieselben Fehler und Schwächen hätte wie Sie? Würden Sie mich so verachten, wie Sie sich selbst verachten? Ich glaube kaum, zumindest beteuern meine Patienten immer wieder, daß sie über andere, die dieselben Fehler haben, bei weitem nicht so schlecht denken wie über sich selbst.

Warum aber messen Sie mit zweierlei Maß? Warum legen Sie bei der Beurteilung Ihrer Person andere Maßstäbe an als bei anderen? Finden Sie das gerecht?

Ein kleines Beispiel zum Nachdenklich machen

Nehmen wir an, Sie haben einen Garten und darin befindet sich ein Apfelbaum. Im Herbst, wenn die Früchte reif sind, stellen Sie fest, daß eine ganze Reihe dieser Früchte wurmig und faulig sind. Daneben hängen aber auch gute und sehr schmackhafte Äpfel am Baum.

Würden Sie nun den Baum für minderwertig halten oder ihn gar fällen, nur weil ein Teil seiner Früchte faul ist? Sicherlich nicht. Sie würden sich die guten Früchte schmecken lassen und würden vielleicht überlegen, wie Sie im nächsten Jahr vermeiden können, daß wieder so viele wurmige Äpfel am Baum hängen.

Übertragen auf Sie bedeutet das: Sie haben einige Fehler und Schwächen. Deshalb sind Sie, der diese Fehler und Schwächen hat, nicht minderwertig oder wertlos.

Selbstverständlich trifft all das auch auf Ihre Mitmenschen zu. Wenn Ihr Partner Sie beschimpft, dann ist er deswegen kein schlechter oder gemeiner Mensch. Sein Verhalten ist vielleicht gemein und schlecht. Wenn Ihre Kinder nicht gehorchen, dann sind sie keine schlechten Kinder, sondern ihr Ungehorsam ist schlecht.

4 Wege zu einer positiven Selbstachtung

1. Hören Sie auf, sich gegenüber Worte zu gebrauchen wie: minderwertig, wertlos, Niete, Null, Versager, dumm, Idiot, überflüssig.

   Wenn Sie anderen etwas sagen, dann überlegen Sie sicherlich meist sehr genau, welche Worte Sie gebrauchen. Sie werfen einem Menschen, den Sie mögen, auch nicht solche schlimmen und erniedrigenden Worte an den Kopf. Tun Sie es auch nicht sich selbst gegenüber.

   Es gibt keine allgemeingültige Norm, nach der man den Wert eines Menschen beurteilen kann. Das einzige, was Sie von sich sagen können, ist, daß Sie fehlerhaft und nicht perfekt sind.

   Akzeptieren Sie sich deshalb trotz Ihrer Unvollkommenheit. Akzeptieren Sie, daß Sie immer Fehler und Schwächen haben werden.

2. Trennen Sie Ihr Verhalten von Ihrer Person. Wenn Sie etwas Dummes tun, dann sind Sie nicht dumm. Wenn Sie etwas Schlechtes tun, dann sind Sie nicht schlecht. Das Schlimmste, was Sie von sich sagen können, ist, daß Sie ein fehlerhafter Mensch sind.

   Durch einen oder mehrere Fehler wird nicht Ihre ganze Person in

Frage gestellt. Ein Fehler, den Sie im Augenblick begehen, ist nur eine Momentaufnahme vergleichbar mit einem Photo. Dieses Photo zeigt Sie eben nur in einem Moment Ihres Lebens. Die Vergangenheit und die Zukunft sind davon nicht betroffen.

3. Loben Sie sich für Dinge, die Sie gut machen. Seien Sie nicht zu streng in der Auswahl der Dinge, für die Sie sich loben. Wenn Sie beispielsweise aufgestanden sind, obwohl Ihnen überhaupt nicht danach zumute war, dann sollten Sie sich dafür loben. Sie könnten sich sagen: „Das hast du gut gemacht".

4. Lesen Sie die nun folgenden Worte so lange und so häufig durch, bis Sie ihnen gefühlsmäßig zustimmen können. Sehr hilfreich ist es auch, sie auf eine Kassette zu sprechen, die Sie jederzeit anhören können.

„Ich bin ein Mensch mit persönlicher Würde. Was ich auch tue, ändert daran nichts. Manchmal mache ich Fehler und manchmal mache ich meine Sache richtig, aber ich bin und bleibe derselbe, was ich auch tue.
Ich werde mein ganzes Leben lang Fehler machen, da ich nicht perfekt bin. Ich bin ein fehlerhafter Mensch. Als solcher habe ich auch die Fähigkeit, aus meinen Fehlern zu lernen, um es das nächste Mal besser machen zu können.
Ich kann mich darum bemühen, etwas besser zu machen, aber ich kann dadurch nicht zu einem besseren Menschen werden. Ebensowenig bedeuten Fehler, daß ich schlecht oder minderwertig bin. Ich kann nicht alles wissen. Niemand weiß alles. Meine Fehler sagen nichts über meinen Wert aus.
Ich werde weiterhin Fehler machen, daran kann ich nichts ändern. Ich kann mich und meine Unvollkommenheit akzeptieren, weil ich ein fehlerhafter Mensch bin, - genauso gut und wertvoll wie andere Menschen auch.
Ich werde mir gegenüber ebenso freundlich sein wie zu anderen, denn schließlich gibt es keinen Grund, mich schlechter zu behandeln als andere. Es gibt aber einen wichtigen Grund, der dafür spricht, freundlich zu mir zu sein. Behandle ich mich gut,

fühle ich mich auch gut. Ich sage mir deshalb selbst die positiven Dinge, die ich auch anderen sagen würde, und von denen ich denke, daß sie anderen guttun.

Die Vergangenheit ist aus und vorbei. Ich kann sie nicht mehr rückgängig machen. Einige Dinge, die ich getan habe, bedaure ich. Einige Dinge, die sich ereignet haben, gefallen mir nicht. Ich kann sie jedoch nicht mehr ändern. Das Beste für mich ist es, wenn ich meine Vergangenheit akzeptiere. Wenn Dinge passieren, die mir nicht gefallen, werde ich sie akzeptieren, indem ich mich daran erinnere, daß ich nicht über alles bestimmen kann. Das einzige, was ich ändern kann, sind meine momentanen Gefühle. Ich bestimme, wie ich mich fühle. Ich entscheide mich dafür, meine Fehler und Schwächen als Beweis dafür anzusehen, daß ich ein fehlerhafter Mensch bin.

Was ich auch tue und wieviele Fehler ich auch mache, ich werde mich akzeptieren und mich annehmen."

Was möchte ich mir von diesem Kapitel merken?

1. _____

2. _____

3. _____

4. _____

5. _____

Die 4. und alle weiteren Therapiesitzungen

Ab der 4. Sitzung würden wir uns in jeder Sitzung über das ABC der Gefühle und das übertrieben negative Denken unterhalten. Wir würden immer wieder negative Gedanken von Ihnen hinterfragen und nach hilfreichen Gedanken suchen. Wir würden uns über Probleme unterhalten, die Sie gerade beschäftigen und schauen, inwieweit Sie diese durch eine Veränderung Ihrer Einstellungen überwinden könnten.

Das heißt also, daß wir uns in all unseren Sitzungen mit Ihrem negativen Denken beschäftigen würden. Auch für Sie, der Sie dieses Programm alleine durcharbeiten, ist es außerordentlich wichtig, daß Sie sich tagtäglich damit beschäftigen. Es wäre ein großer Fehler, wenn Sie dieses Thema abhaken würden. Das Aufspüren negativer Gedanken und das Ersetzen durch hilfreiche Gedanken ist ein wesentlicher Bestandteil Ihrer Therapie.

Daneben würden wir uns über Ihre Neigung unterhalten, eher passiv zu bleiben und wenig zu unternehmen. Wir würden über die Bedeutung eines gesunden Selbstbewußtseins sprechen und wie Sie es erlangen können. Und wir würden uns über Ängste unterhalten, die Sie im Zusammenhang mit Ihren Depressionen haben, wie etwa der Angst, nicht mehr gesund zu werden.

Arbeiten Sie die nachfolgenden Kapitel sorgfältig durch und machen die in ihnen enthaltenen Übungen. Denken Sie daran: Selbstveränderung braucht Zeit und Übung. Mal wird es Ihnen besser, mal schlechter gelingen, die Übungen zu beherzigen. Das ist völlig normal.

Beginnen Sie nun bei Kapitel 9, in dem wir uns einem Problem zuwenden, das sicherlich auch Ihnen zu schaffen macht: Schuldgefühlen.

9
Schuldgefühle und
was Sie dagegen tun können

Seit Sie deprimiert sind, aber auch schon davor, machen Sie sich wahrscheinlich eine Menge Schuldgefühle. Da Schuldgefühle zu einem großen Teil zu Ihren depressiven Verstimmungen beitragen, wollen wir uns in diesem Kapitel damit beschäftigen.

Was sind Schuldgefühle?

Schuldgefühle sind keine echten Gefühle wie Freude, Ärger oder Trauer. Ein Schuldgefühl ist ein negatives Gefühl, das durch den schuldbeladenen Gedanken „Ich bin schuld daran, daß ... " aufkommt. Wir denken, daß wir etwas getan haben, was wir nicht hätten tun dürfen, oder daß wir etwas nicht getan haben, von dem wir aber behaupten, es hätten tun zu müssen. Doch damit nicht genug. Dieser Gedanke macht nur einen Teil des Schuldgefühls aus. Ein weitaus gewichtigerer und schädlicherer Teil ist der Gedanke, daß wir aufgrund unseres Versagens schlechte und minderwertige Menschen sind. Wir verurteilen nicht nur unser Verhalten, was völlig in Ordnung wäre, wir verurteilen uns auch als Mensch - und das ist nicht nur dumm, sondern auch völlig überflüssig und geradezu selbstschädigend.

Schuldgefühle zeugen nicht von einem guten Charakter

Sich als Mensch zu verurteilen zeugt weder von einem guten Charakter, noch ist es ein Beweis dafür, daß man ein guter Mensch ist, ebensowenig wie man ein schlechter Mensch ist, wenn man einen Fehler, gleich wie schwer er auch sein mag, begangen hat. Sich keine Schuldgefühle zu machen bedeutet nicht, eiskalt, gewissenlos und skrupellos zu sein. Es zeugt vielmehr von einer großen Weisheit - auch wenn manche Menschen uns das Gegenteil weismachen wollen.

Wenn wir uns als Mensch wegen eines Fehlers verurteilen, dann helfen wir weder dem, dem wir möglicherweise geschadet haben, noch helfen wir uns selbst. Niemandem, aber wirklich auch niemandem, ist gedient, wenn wir uns verurteilen und in Form von negativen Gedanken bestrafen und züchtigen.

Haben wir jemandem geschadet, dann ist es in Ordnung, wenn wir unser Verhalten bereuen und vielleicht auch verurteilen, und selbstverständlich ist es auch in Ordnung, wenn wir versuchen, unseren Fehler wiedergutzumachen. Wozu sich darüber hinaus noch verurteilen und bestrafen? Was soll das für einen Sinn haben? Durch Selbstverurteilung machen wir weder das Geschehene rückgängig, noch verhindern wir, daß wir jemals wieder einen Fehler begehen und uns etwas zuschulden kommen lassen.

Um es noch einmal ganz deutlich zu sagen: Schuldgefühle sind vollkommen überflüssig und nutzlos. Deshalb sollten Sie sich auch darum bemühen, Ihre Schuldgefühle abzubauen. Doch ehe wir darüber sprechen, wie Sie das tun können, möchte ich Ihnen noch ein klein wenig darüber erzählen, warum wir Menschen uns überhaupt etwas zuschulden kommen lassen, d.h. warum wir manchmal etwas tun oder sagen, was wir besser nicht hätten tun oder sagen sollen. Dafür gibt es vor allem zwei Gründe:

1. Unwissenheit und mangelnde Erfahrung und
2. seelische Probleme.

Diese beiden Gründe sind jedoch eher Anlaß, sich selbst oder anderen zu verzeihen, als sich selbst oder andere zu verurteilen.

1. Unwissenheit und mangelnde Erfahrung als Ursache von Fehlern

Würden Sie mir zustimmen, daß man nichts tun kann, was man nicht gelernt hat bzw., daß es nur normal ist, Fehler zu machen, wenn man in etwas keine oder kaum Erfahrung hat? Habe ich Sie gerade „ja" sagen hören? Sehr gut. Dann schauen wir uns einmal die Geschichte von

Petra an.

Petra war 35 Jahre alt, als sie zu mir wegen depressiver Verstimmungen in Therapie kam. In einer Therapiestunde erzählte sie, daß sie sich große Vorwürfe und Schuldgefühle mache, weil ihr 15-jähriger Sohn Hans Drogen nehme. Sie meinte, sie hätte in der Erziehung versagt und sei eine schlechte Mutter, denn wäre sie eine gute Mutter, dann wäre ihr Sohn nicht auf die schiefe Bahn geraten. Sie sagte: „Ich hätte mich mehr um meinen Sohn kümmern müssen. Ich hätte ihm vielleicht mehr Liebe geben müssen. Ich hätte vielleicht nicht arbeiten gehen sollen und mehr für ihn da sein sollen. Ich hätte nicht so egoistisch sein sollen und auf meinen Beruf verzichten sollen. Ich hätte erkennen müssen, daß mit ihm etwas nicht stimmt. Ich habe versagt."

Was meinen Sie? Tut Petra gut daran, sich für das Verhalten Ihres Sohnes Schuldgefühle zu machen? Hat sie allen Grund dazu? Ehe Sie vorschnell mit „ja" antworten, bedenken Sie bitte noch folgendes:

1. Woher weiß Petra, daß ihr Sohn keine Drogen genommen hätte, wenn sie sich mehr (was immer das auch heißen mag) um ihn gekümmert hätte und nicht arbeiten gegangen wäre?

Die Antwort ist: Natürlich kann Petra das nicht wissen. Außerdem begeht sie den Denkfehler, daß das Einnehmen von Drogen etwas mit mangelnder Mutterliebe zu tun hat. Es gibt garantiert Hunderttausende von Jugendlichen wie Hans, die genausoviel oder genausowenig Liebe von ihren Eltern entgegengebracht bekamen und nicht drogenabhängig sind.

2. Hätte Petra sich mehr um ihren Sohn gekümmert, wenn sie vor 15 Jahren gewußt hätte, daß ihr Sohn drogenabhängig wird, wenn sie sich nicht intensiv um ihn kümmert?

Die Antwort ist: natürlich hätte sie. Hätte sie vor 15 Jahren definitiv gewußt, daß ihr Sohn drogenabhängig wird, wenn sie arbeiten geht, statt sich ganztags um ihn zu kümmern, dann wäre sie zuhause geblieben. Aber - sie wußte es nicht und konnte es auch nicht wissen.

Wie ist Ihr Urteil nun? Halten Sie immer noch daran fest, daß sich Petra zu Recht Schuldgefühle macht, und daß sie es verdient, bestraft zu werden? Ich glaube kaum. Sie sind vernünftig genug, einzusehen, daß Petra nicht in die Zukunft schauen und 100%ig wissen kann, welche Folgen ihr Handeln morgen haben wird.

Und wie steht es mit Ihnen? Sind Sie - was Ihre Fehler angeht - auch so vernünftig? Sind Sie mit sich auch so nachsichtig wie mit Petra?

Sie, Petra, ich und alle Menschen sind immer zu dem Zeitpunkt des Handelns davon überzeugt, richtig zu handeln, oder wir kennen zumindest keinen anderen Weg, der besser wäre, auch wenn wir nicht 100%ig überzeugt sind. Wer von uns tut schon etwas, von dem er weiß, daß es vollkommen falsch oder schlecht ist - abgesehen von einigen Verbrechern vielleicht? Niemand.

Wenn wir also von uns verlangen, wir hätten es besser wissen müssen, wir hätten die Folgen vorhersehen müssen, wir hätten klüger handeln müssen, dann verlangen wir etwas Unmögliches von uns. Als Menschen sind wir fehlerhaft und das bedeutet, daß wir, so schmerzlich das auch manchmal sein mag, immer wieder trotz der besten Absichten etwas sehr Dummes oder Falsches tun.

Da wir weder perfekt sind, noch in die Zukunft schauen können, werden Sie und ich immer mal wieder das Falsche tun oder versagen. Das ist so sicher und unvermeidbar wie der Tod eines jeden von uns. Deshalb sollten wir uns unsere Fehler verzeihen, statt uns für sie zu verurteilen.

Nehmen wir einmal an, Sie hätten gerade Ihre Führerscheinprüfung bestanden und würden als frischgebackener Führerscheinbesitzer in Ihr neues Auto steigen und losfahren. Sie fühlen sich noch etwas unsicher und fahren deshalb besonders vorsichtig. Plötzlich sehen Sie, wie 100 Meter vor Ihnen ein Auto ein anderes überholt. Sie sind mächtig erschrocken, weil Sie befürchten, das überholende Auto könnte mit Ihnen zusammenstoßen. Reflexartig ziehen Sie das Lenkrad nach rechts, um dem entgegenkommenden Wagen auszuweichen, - und überfahren einen Fußgänger. Aufgrund Ihrer mangelnden Erfahrung und Ihrer damit verbundenen noch vorhandenen Fahrunsicherheit haben Sie einen Menschen getötet.

Trifft Sie eine Schuld? Ja, Sie haben schuld daran, daß ein Mensch sterben mußte. Sollten Sie sich deshalb Vorwürfe über Vorwürfe machen und Ihres Lebens nicht mehr froh werden? Nein. Wie sehr Sie sich auch Vorwürfe machen würden, Sie könnten Ihren Fehler und das tragische Ereignis nicht mehr rückgängig machen. Es würde die Freunde und Verwandten des Toten kaum trösten, daß Sie sich derart große Vorwürfe machen, daß Sie völlig depressiv werden und schließlich daran denken, sich selbst das Leben zu nehmen. Gewiß, es wäre ein tragischer und bedauerlicher Unfall, aber Schuldgefühle würden daran nichts ändern. Deshalb wäre es am besten, Sie könnten sich Ihren Fehler verzeihen und alles in Ihrer Macht stehende tun, um den Angehörigen des Opfers in dieser schmerzlichen Zeit zu helfen. Dies würde Ihnen am besten gelingen, wenn Sie nicht vor lauter Schuldgefühlen völlig depressiv wären.

Gewiß, das ist ein extremes Beispiel. Ich habe es jedoch gewählt, um Ihnen zu zeigen, daß es selbst in einer solchen Situation nicht hilfreich wäre, wenn Sie sich durch Vorwürfe so depressiv machen und sich so bestrafen würden, daß auch Sie nicht mehr leben wollen.

2. Seelische Probleme als Ursache von Fehlern

Möglicherweise machen Sie sich Vorwürfe, weil Sie deprimiert sind und Ihrer Familie dadurch zur Last fallen, oder Sie machen sich Vorwürfe, daß Sie die meiste Zeit lust- und energielos sind und sich nicht, wie Sie es gewohnt sind, um Ihre Familie kümmern können.

Eine Frage: Wenn Sie wüßten, wie Sie es vermeiden können, Ihrer Familie zur Last zu fallen, oder wenn Sie wüßten, wie Sie es anstellen können, daß Sie sich mehr um Ihre Familie kümmern können, würden Sie es dann tun? Ich glaube schon. Ihre depressive Stimmung und Ihre anderen Probleme machen es Ihnen jedoch im Moment schwer oder gar unmöglich, sich anders zu verhalten. Richtig? Ihre seelischen Probleme verhindern also, daß Sie sich wider besseres Wissen verhalten.

Ihre depressiven Verstimmungen sind wie ein Gipsbein. Mit einem

Gips sind Sie nun mal behindert. Sie können nicht so schnell und gut gehen, als wäre Ihr Bein gesund. Auch wenn Sie sich noch so viele Vorwürfe machen, auch wenn Sie ganz genau wissen, daß es besser wäre, schneller zu gehen, es hilft nichts. Sie sind behindert und müssen darauf Rücksicht nehmen, gleichgültig, welche Nachteile das für Sie oder andere haben mag.

So ist es auch mit Ihren Depressionen. Sie behindern Sie, sie machen es Ihnen unmöglich, so zu denken, fühlen und handeln, als wären Sie gesund. Weder vertreiben Ihre Vorwürfe Ihre Depressionen, noch helfen sie Ihnen, sich anders zu verhalten, gleichgültig, welche Nachteile das für Sie, Ihre Familie und Freunde haben mag.

Ihre seelischen Probleme verhindern, daß Sie sich so verhalten können, wie Sie es für richtig halten. Deshalb ist es in Ihrem besten Interesse, wenn Sie aufhören, sich Vorwürfe und Schuldgefühle zu machen. Durch Vorwürfe verstärken Sie Ihre Depressionen noch mehr und erreichen gerade das Gegenteil von dem, was Sie möchten.

Schauen wir uns noch ein anderes Beispiel dafür an, wie seelische Probleme dazu beitragen können, daß Menschen sich nicht so verhalten, wie es für sie und andere gut wäre.

Klaus kommt zu mir in Therapie, weil er unter Eifersucht leidet. Er tyrannisiert seine Frau, indem er ihr Tag für Tag Vorwürfe macht, sie hintergehe ihn und sie würde keine Gelegenheit auslassen, mit anderen Männern zu flirten. Er durchsucht ihre Taschen nach Telefonnummern und Hinweisen auf andere Männer. Er verlangt von ihr unentwegt, sie solle ihm sagen, daß sie ihn liebe. Er ruft sie aus dem Geschäft mehrmals zuhause an, um sie zu kontrollieren. Klaus „weiß", daß er durch sein eifersüchtiges Verhalten die Beziehung zu seiner Frau sehr strapaziert. Er macht sich Vorwürfe über Vorwürfe, daß er einen solchen „Psychoterror" ausübt, wie er sein Verhalten selbst nennt. Aber, es überkomme ihn einfach und er könne dagegen nichts tun.

Aufgrund seines Eifersuchtsproblems kann sich Klaus nicht so verhalten, wie es für ihn, seine Frau und seine Partnerschaft am besten wäre. Er steht quasi unter dem Zwang, eifersüchtig reagieren zu müssen. Als erstes sprach ich mit Klaus deshalb über seine Schuldgefühle. Wir arbeiteten daran, daß er sich nicht mehr für sein eifersüchtiges Verhalten verurteilte. Aufgrund seiner seelischen Probleme war es Klaus nicht möglich, seine Eifersucht abzulegen und sich anders zu verhalten. Solange er das Eifersuchtsproblem hatte, mußte er sich auch so intolerant und uneinsichtig verhalten. Er konnte quasi nicht anders, als eifersüchtig zu sein. All seine Vorwürfe würden daran nichts ändern. Im Gegenteil. Je mehr er sich verurteilte, je mehr er sich Schuldgefühle machte, umso größer wurden seine seelischen Probleme.

„Ist das nicht verantwortungslos, sich keine Schuldgefühle zu machen?"

Nein. Sich keine Schuldgefühle zu machen bedeutet natürlich nicht, sich vor der Verantwortung drücken zu können, die man für sich und sein Verhalten hat. Sich keine Schuldgefühle zu machen, ist also kein Freibrief für ein Verhalten, mit dem man anderen schadet.

Sich keine Schuldgefühle zu machen bedeutet lediglich, sich als Mensch nicht für sein Verhalten zu verurteilen. Während es völlig in Ordnung ist, sein Verhalten zu verurteilen, also zu sagen „Mein eifersüchtiges Verhalten ist schlecht" und auch dafür geradezustehen, d.h. alles zu tun, um den angerichteten Schaden wiedergutzumachen, ist es sehr selbstschädigend und geradezu sinnlos, sich als Mensch dafür zu verurteilen.

Das einzige, was Sie durch Schuldgefühle erreichen, ist, daß Sie sich noch deprimierter machen, daß Sie also gerade das Gegenteil von dem erreichen, was Sie möchten - nämlich gesund zu werden.

Ehe ich Ihnen zeige, wie Sie lernen können, Ihre Schuldgefühle abzubauen, möchte ich Ihnen nochmals einen wichtigen Punkt in Erinnerung rufen. Schuldgefühle machen Sie sich dadurch, daß Sie sich sagen: „Ich hätte das nicht tun (oder sagen) dürfen" oder „Ich hätte das tun (oder sagen) müssen". Sie verlangen also im nachhinein, wenn das Kind sozusagen in den Brunnen gefallen ist, daß Sie sich hätten anders verhalten müssen.

Wie sehr Sie auch von sich verlangen, sich hätten anders verhalten zu müssen, Sie machen das Geschehene nicht rückgängig.

Wie Sie Ihre Schuldgefühle abbauen können

1. Übung

Wenn Sie aus Unwissenheit oder mangelnder Erfahrung einen Fehler gemacht haben und sich dabei ertappen, daß Sie sich sagen „Ich hätte nicht ... dürfen" oder „Ich hätte ... müssen", dann sagen Sie sich:

„Im nachhinein ist man immer klüger. Ich habe so gehandelt, weil ich es für richtig hielt. Hätte ich im vorhinein gewußt, welche Folgen das hat, dann hätte ich mich anders verhalten. Ich bin jedoch nicht allwissend und treffe deshalb von Zeit zu Zeit falsche Entscheidungen wie andere Menschen auch. Ich bedaure, daß mir der Fehler unterlaufen ist, ich verzeihe mir jedoch meine Fehlerhaftigkeit und akzeptiere, daß ich nicht perfekt und allwissend bin. Ich werde mich darum bemühen, in Zukunft diesen Fehler nicht noch einmal zu machen, aber da Fehler zu machen menschlich ist, wird es mir immer wieder passieren, daß ich das Falsche tue. Ich werde schauen, ob und wie ich den Fehler wiedergutmachen kann, auf keinen Fall aber werde ich mich dafür verurteilen."

Schreiben Sie sich diese Gedanken auf ein kleines Kärtchen, das Sie immer bei sich tragen und so jederzeit einen Blick darauf werfen können.

2. Übung

Wenn Sie sich aufgrund seelischer Probleme nicht so verhalten konnten, wie Sie es von sich erwarten, und Sie sich deshalb Vorwürfe machen, dann sagen Sie sich:

„Ich würde mich gerne anders verhalten, aber aufgrund meiner seelischen Verfassung ist mir das nicht möglich. Ich werde versuchen meine Probleme, die mich daran hindern, mich so zu verhalten, wie ich es gerne hätte, zu lösen. Solange mir das noch nicht gelungen ist, verzeihe ich mir mein Verhalten. Ich tue mir keinen Gefallen, wenn ich mir Vorwürfe über Vorwürfe mache. Dadurch vergrößere ich meine seelischen Probleme nur noch mehr und kann mich dann erst recht nicht so verhalten, wie es für mich und andere gut wäre. Ich habe mein Bestes gegeben, was für mich in dem Augenblick möglich war."

Schreiben Sie diese Gedanken ebenfalls auf ein Kärtchen, das Sie immer bei sich tragen.

Wenn Sie dazu neigen, sich für Fehler oder Schwächen zu verurteilen, dann reicht es nicht aus, wenn Sie diese Texte ein Mal durchlesen. Um eine Wirkung zu verspüren und um die Angewohnheit, sich Schuldgefühle zu machen, ablegen zu können, bedarf es des Trainings. D.h. Sie müssen diese Texte vielleicht 100 und mehr Male lesen, bis die Neigung, sich Schuldgefühle zu machen, abnimmt.

Erwarten Sie also keine Wunder, und vor allem denken Sie an folgendes:

Machen Sie sich keine Vorwürfe, weil Sie sich Vorwürfe machen

Wenn ich meinen Patienten sage, daß es schädlich ist, sich Vorwürfe zu machen oder negativ zu denken, dann erzählen diese mir immer wieder, daß sie sich furchtbar über ihre eigene „Dummheit" und „Blödheit" aufregen, daß sie nicht von selbst darauf gekommen sind, oder daß sie sich trotzdem, da sie nun wissen, daß es schädlich ist, sich Vorwürfe zu machen, sich immer noch Vorwürfe machen.

So ärgern sich viele Menschen darüber, daß sie sich ärgern, sie machen sich darüber deprimiert, daß sie deprimiert sind, oder sie machen sich Vorwürfe, daß sie sich Vorwürfe machen. Sie sagen sich: „Ich sollte mich nicht ärgern, ich sollte mir keine Vorwürfe machen."

Sie werden sich so lange ärgern und sich so lange Vorwürfe machen, bis Sie die Gewohnheit, sich zu ärgern und sich Vorwürfe zu machen, abgelegt haben. Gewohnheiten, wie das Sich-Ärgern oder das Sich-Vorwürfe-Machen legt man nicht schon alleine deshalb ab, weil man einsieht, daß es nichts bringt, sich zu ärgern oder sich Vorwürfe zu machen. Gewohnheiten ändert man nur dadurch, daß man sich Tag für Tag darum bemüht, das alte Verhalten durch das neue Verhalten zu ersetzen, d.h. jedesmal, wenn man das alte Verhalten zeigt, muß man ganz bewußt innehalten und stattdessen das neue Verhalten an den Tag legen.

Ich will damit sagen: Es ist ganz normal, daß Sie sich - trotz bester Absichten - die nächste Zeit immer wieder dabei ertappen, daß Sie sich Vorwürfe machen. Sie können dieses Verhalten nicht von einem Tag auf den anderen abstellen. Dafür ist es eine viel zu mächtige Gewohnheit.

Haben Sie also Geduld mit sich und machen Sie sich keine Vorwürfe, wenn Sie nicht schon morgen frei von Schuldgefühlen sind. Das braucht Zeit. Versprochen?

Was möchte ich mir von diesem Kapitel merken?

1. _____

2. _____

3. _____

4. _____

5. _____

10
Mangelndes Selbstbewußtsein
und was Sie dagegen tun können

In der Zeit, als Sie noch nicht so deprimiert waren, hatten Sie sicherlich des öfteren Probleme, selbstbewußt aufzutreten. Wie oft haben Sie sich über das Verhalten Ihres Partners oder anderer Menschen geärgert und haben den Ärger in sich hineingefressen. Wie oft haben Sie aus Angst vor Ablehnung oder vor negativen Folgen klein beigegeben und haben sich über sich geärgert, daß Sie so „blöd" sind und das mit sich machen lassen. Wie oft hatten Sie das Gefühl, die anderen nutzen Sie aus, und kamen sich hilflos vor, weil Sie nicht wußten, wie Sie sich wehren sollten, oder weil Sie Angst hatten, sich zu wehren.

Jetzt, wo Sie deprimiert sind, haben Sie erst recht kein Selbstvertrauen mehr. Jetzt haben Sie noch häufiger das Gefühl, die anderen können mit Ihnen machen, was diese wollen. Sehr wahrscheinlich hat Ihnen Ihr Partner aufgrund Ihrer Krankheit auch vieles abgenommen, weil er es gut mit Ihnen meinte und weil er Ihnen helfen wollte. Vielleicht kommen Sie sich wie ein kleines Baby vor, das nicht mehr für sich selbst sorgen kann und das auf die Hilfe anderer angewiesen ist. Dies hat nicht gerade dazu beigetragen, daß Ihr Selbstwertgefühl gestiegen ist. Im Gegenteil. Sie kommen sich wie ein Häufchen Elend vor.

Eine Ursache für Ihre depressiven Verstimmungen ist, daß Sie sich früher in vielen Situationen nicht durchsetzen konnten bzw. Angst hatten, sich durchzusetzen. Sie haben sich das sehr übelgenommen, indem Sie sich als Versager abstempelten oder sich für minderwertig hielten. Dadurch ist Ihr Selbstvertrauen von Mal zu Mal noch geringer geworden, und Ihr Selbstwertgefühl ist immer mehr gesunken. Sie konnten sich quasi selbst nicht mehr in die Augen schauen, weil Sie jeglichen Respekt vor sich verloren hatten.

Deshalb kommt es nun darauf an, daß Sie lernen, selbstbewußt aufzutreten. Sie müssen Ihr Selbstvertrauen Stück für Stück zurückgewinnen. Sie können das erreichen, indem Sie viele der Tätigkeiten, die Sie sich von Ihrem Partner haben abnehmen lassen, - und die dieser Ihnen abgenommen hat, weil er Ihnen helfen wollte - wieder an sich reißen. Mit anderen Worten: Sie müssen wieder selbständiger werden, müssen lernen, wieder oder erstmals auf eigenen Beinen zu stehen.

Was haben Sie sich von Ihrem Partner alles abnehmen lassen? Macht Ihr Partner für Sie Besorgungen, die Sie genausogut selbst erledigen könnten? Nimmt Ihnen Ihr Partner zuhause Aufgaben ab, die Sie früher erledigt haben? Kümmert sich Ihr Partner um Dinge, um die Sie sich früher gekümmert haben? Denken Sie einmal für einige Augenblicke darüber nach.

Haben Sie es getan? Dann holen Sie sich ein Blatt Papier und notieren sich mindestens 10 Aufgaben, die Sie (wieder) erledigen können, auch wenn es einfacher wäre, wenn sie Ihr Partner erledigen würde. Gehen Sie dann zu Ihrem Partner und sagen ihm:

„Du, ich möchte in Zukunft das und das (wieder) selbst machen. Ich weiß, du meinst es gut, wenn du mir das abnimmst, aber es ist für mich wichtig, daß ich mich selbst darum kümmere."

Sie werden merken, daß Ihr Selbstvertrauen mit jeder Aufgabe wächst, die Sie (wieder) übernehmen. Und mit zunehmendem Selbstvertrauen nehmen auch Ihre depressiven Verstimmungen ab.

> Sein Selbstvertrauen kann man nur steigern,
> wenn man das tut,
> worin man selbstsicherer werden möchte.

Denken Sie nur einmal an Ihre ersten Fahrstunden zurück. Erinnern Sie sich noch, wie unsicher Sie sich fühlten, wie schwer es Ihnen fiel, sich auf die Pedale und den Verkehr zu konzentrieren? Mit zunehmender Übung nahm jedoch auch Ihr Vertrauen zu, Sie fühlten sich hinter dem Lenkrad sicherer und waren entspannter.

Genauso ist es, wenn Sie (wieder) Aufgaben übernehmen, die Ihnen Ihr Partner abgenommen hat. Am Anfang werden Sie unsicher sein, ob

Sie den Aufgaben und Anforderungen gewachsen sind. Doch mit zunehmender Übung verlieren Sie Ihre Unsicherheit, ja, es stellt sich ein großes Gefühl der Genugtuung ein. Sie können wieder ein klein wenig stolz auf sich sein, und Ihre Stimmung wird sich bessern.

Wie Ärger und Depressionen zusammenhängen

Wenn Sie sich über etwas ärgern, wie verhalten Sie sich dann? Ärgern Sie sich nur still und leise, ohne daß die anderen etwas davon merken, oder lassen Sie es Ihre Mitmenschen wissen, wenn Sie verärgert sind? Ich möchte fast wetten, daß ersteres der Fall ist.

Wenn Sie sich nur still und leise ärgern und sich nicht erlauben, andere wissen zu lassen, daß Sie verärgert sind, dann hat das schlimme Folgen: Sie fühlen sich Ihren Mitmenschen ausgeliefert, fühlen sich hilflos und sind über sich verärgert, daß Sie so „feige" sind. Ihr Selbstwertgefühl sinkt und Sie sind deprimiert. Als Vorbeugung gegen Depressionen, aber auch um Depressionen überwinden zu können, müssen Sie lernen, Ihren Ärger auszudrücken. Außerdem ist es wichtig, daß Sie lernen, selbstbewußt aufzutreten, d.h. daß Sie sich von anderen nicht ausnutzen und nicht alles mit sich machen lassen.

Oftmals erklären mir meine depressiven Patienten, daß sie sich überhaupt nicht ärgern. Wenn ich mich dann mit ihnen darüber unterhalte, erkennen sie, daß das nicht stimmt. Sie ärgern sich sehr oft, - wollen sich das aber nicht eingestehen oder sind sich dessen nicht so recht bewußt, da sie schon seit vielen Jahren den Ärger in sich hineinfressen.

Wenn Sie deprimiert sind, dann ist auch Ärger mit im Spiel. Wenn Sie, aus Angst vor Ablehnung, sich nicht getrauen, selbstsicher aufzutreten, dann werden Sie den Ärger hinunterschlucken und gute Miene zum bösen Spiel machen. Wenn Sie nun dazu neigen, sich für Fehler und Schwächen zu verurteilen, dann werden Sie sich in Anbetracht Ihrer „Feigheit" verurteilen: „Mit dir ist nichts los. Du bist ein Schlappschwanz. Mit dir kann man machen, was man will." Sie fühlen sich dann hilflos, fühlen sich dem anderen und der Situation ausgeliefert, verlieren jeglichen Respekt vor sich selbst und können sich selbst nicht mehr in die Augen schauen. Infolge dieser selbstabwertenden Gedanken und der vermeintlichen Hilflosigkeit machen sich bei Ihnen depressive Verstimmungen breit.

Beobachten Sie sich und horchen Sie in sich hinein. Sie werden feststellen, daß auch Sie sich über das Verhalten Ihrer Mitmenschen oder über sich selbst ärgern.

Sagen Sie Ihren Mitmenschen, wenn Sie verärgert sind

Für Ihre Therapie ist es wichtig, daß Sie lernen, Ihren Ärger auszudrücken. Das heißt nicht, daß Sie Ihre Mitmenschen beschimpfen, sie vor den Kopf stoßen oder sich ihnen gegenüber aggressiv verhalten sollen. Es genügt, wenn Sie beispielsweise Ihrem Partner mitteilen: „Ich bin verärgert, daß du mich wie ein kleines Kind behandelst" oder „Es gefällt mir nicht, daß du immer das letzte Wort haben mußt". Es geht also darum, daß Sie nicht für sich behalten, was Sie stört, sondern daß Sie es den anderen wissen lassen.

Überlegen Sie gleich jetzt einmal, worüber Sie sich in den letzten beiden Tagen geärgert haben. Was hat Sie am Verhalten Ihres Partners oder Ihrer Mitmenschen gestört? Bei welchen Gelegenheiten hatten Sie das Gefühl, von Ihren Mitmenschen ausgenutzt und überfahren zu werden? Schreiben (!) Sie sich diese Situationen auf.

Nun fassen Sie sich ein Herz, gehen zu dem Betreffenden und sagen ihm, was Sie an seinem Verhalten stört. Ich weiß, das kostet Sie etwas Überwindung, aber es muß sein - um Ihretwillen. Sagen Sie ihm:

„Ich muß mit dir sprechen. Es gefällt mir nicht, daß ... (Sagen Sie ihm ganz genau, was an seinem Verhalten Sie stört). Ich möchte, daß du ... (Sagen Sie ihm genau, wie Sie sich wünschen würden, daß er sich zukünftig verhält)."

Gewöhnen Sie sich an, dem anderen immer gleich, wenn Sie etwas an seinem Verhalten stört, das mitzuteilen. Machen Sie keine Ausflüchte wie: „Ach, das ist nicht so wichtig" oder „Was soll ich darum ein solches Aufheben machen". Das sind nur Ausreden, hinter denen Ihre Angst steckt, der andere könnte es Ihnen übelnehmen, wenn Sie ihm sagen, daß Sie etwas an seinem Verhalten stört.

Wie bei den meisten Problemen, die mit Ihren Depressionen zusammenhängen, spielt auch hier Ihr Denken eine große Rolle. Menschen, die nicht selbstsicher auftreten können, führen selbstunsichere Selbstgespräche, durch die sie sich in Angst versetzen. Schauen wir uns einige dieser Selbstgespräche an, die Sie davon abhalten könnten, dem anderen zu sagen, was Sie an seinem Verhalten stört:

„Der andere wird mich ablehnen, und das wäre furchtbar."

„Der andere wird bestimmt sauer. Das könnte ich nicht ertragen."

„Ich darf es mir bei ihm nicht verscherzen. Ich brauche ihn."

„Ich habe kein Recht, ihn zu kritisieren."

Kennen Sie solche Gedanken von sich? Sicherlich. Diese Gedanken machen sich alle Menschen, die Angst haben, selbstsicher aufzutreten. Wenn Sie solche Selbstgespräche führen, müssen Sie Angst verspüren. Es sind also keine hilfreichen Gedanken. Sie können das selbst sofort feststellen, wenn Sie jeden einzelnen Gedanken mit Hilfe der beiden Regeln für gesundes Denken überprüfen. Ein hilfreicher Gedanke, den Sie diesen negativen Gedanken entgegensetzen könnten, wäre:

Hilfreiche Gedanken, um die Angst vor Ablehnung abzubauen

„Ich weiß nicht, ob es mir der andere übelnimmt, wenn ich ihm meine Meinung sage. Wenn er verärgert ist, dann kann ich das jedoch ertragen. Es ist zwar nicht angenehm, aber ich kann damit leben. Ich habe ein Recht, zu sagen, was mir gefällt und was nicht. Wenn sich der andere darüber ärgert, dann ist das nicht meine Schuld. Ich bin nicht dafür verantwortlich, wenn sich jemand ärgert. Jeder macht sich seine Gefühle selbst. Für mich und mein seelisches Befinden ist es sehr wichtig, daß ich sage, was mich stört. Ich tue mir keinen Gefallen, wenn ich, nur um Ärger zu vermeiden, aus meinem Herzen eine Mördergrube mache."

Für Ihre Therapie ist es enorm wichtig, daß Sie sich angewöhnen, anderen zu sagen, wenn Ihnen etwas „stinkt". Die ersten Male werden Sie sich trotz der hilfreichen Gedanken noch sehr schwer tun, doch von Mal zu Mal wird es Ihnen leichter fallen, und Sie werden eine sehr schöne und belohnende Erfahrung machen: Wenn Sie Ihren Mißmut und Ihren Ärger geäußert haben, fühlen Sie sich sehr erleichtert und Sie sind stolz auf sich - ein Gefühl, das Sie schon lange nicht mehr verspürt haben.

Ärger über sich selbst

Bis jetzt haben wir darüber gesprochen, wie Sie sich verhalten können, wenn Sie sich über andere Menschen ärgern. Nun wollen wir uns anschauen, wie es mit dem Ärger über sich selbst steht.

Wenn Sie sich über sich ärgern, dann steckt in Ihrem Ärger immer ein Vorwurf gegen sich. Sie werfen sich vor, Sie hätten es anders machen müssen, als Sie es getan haben.

Cornelia, eine depressive Patientin, sagte:

„Ich ärgere mich ständig über etwas. Am meisten aber ärgert mich, daß ich so abgebaut habe und daß ich mich so gehenlasse. Ich hasse es, mich so hilflos zu fühlen und ständig zu jammern. Ich sollte mich nicht so gehenlassen."

Cornelia sagte es ganz deutlich: „Ich sollte ...". Wenn wir uns ärgern, dann fordern wir etwas von uns. Wir verlangen von uns, anders zu sein, als wir sind. Entsprechen wir nicht unseren Vorstellungen, dann sind wir auf uns sauer und nehmen uns das übel. Wir beschimpfen uns und werfen uns Worte an den Kopf wie: Dummkopf, Versager, Idiot, dumme Gans, blöde Kuh.

Über Forderungen haben wir schon einmal im Zusammenhang mit den Selbstvorwürfen gesprochen. Erinnern Sie sich noch? Wenn wir uns über uns ärgern, dann machen wir uns unser Verhalten zum Vorwurf.

Schauen wir uns noch einige Beispiele an. Sie ertappen sich dabei, daß Sie etwas vergessen haben, und sagen: „Ich sollte nicht so vergeßlich sein. Was ist nur los. Mit mir ist aber auch gar nichts mehr los". Sie getrauen sich nicht, sich über schlechtes Obst zu beschweren, das Ihnen die Marktfrau eingepackt hat, und sagen: „Ich sollte nicht so feige sein. Ich sollte mir nicht alles gefallenlassen. Ich bin doch ein

Schlappschwanz. Mit mir können sie´s ja machen. Ich bin immer der Depp." Sie verbrennen sich beim Kaffeetrinken den Mund und sagen: „So was Blödes wie mich gibt es nicht zweimal. Das kann auch nur mir passieren."

Sich über sich zu ärgern heißt also, von sich zu verlangen, man hätte anders reagieren müssen, und weil man das nicht getan hat, macht man sich klein und beschimpft sich. Die Folgen sind ein geringes Selbstwertgefühl und eine deprimierte Stimmung.

Warum aber haben Sie sich nicht beschwert? Warum aber haben Sie etwas vergessen? Warum haben Sie sich den Mund verbrannt? Die Antwort ist: Weil Sie ein Mensch sind und als solcher nicht perfekt sind. Ich weiß, das klingt banal, aber das ist eine sehr wichtige Feststellung.

Wenn man sich über sich ärgert, dann verlangt man in der Regel etwas Unmögliches von sich. Wenn man Hemmungen hat, sich zu beschweren, dann ist es doch ganz logisch, daß man eher kneift, als daß man sich durchsetzt. Wenn man sich den Mund verbrennt, dann doch deshalb, weil man nicht daran gedacht hat, daß der Kaffee heiß ist, oder weil man in Gedanken woanders war. Wenn man etwas vergißt, dann vielleicht deshalb, weil man viel um die Ohren hat oder man sich aufgrund seelischer Probleme nicht so recht konzentrieren kann.

Es gibt also immer einen sehr einleuchtenden Grund dafür, daß man sich nicht so verhält, wie man es von sich fordert. Natürlich könnten Sie jetzt auch sagen: „Ich sollte halt keine Hemmungen haben, die es mir schwermachen, mich zu beschweren. Ich sollte mit meinen Gedanken immer bei der Sache sein. Dann würde ich mir auch nicht den Mund verbrennen. Ich sollte keine seelischen Probleme haben, die dazu führen, daß ich etwas vergesse." Damit würden Sie jedoch ebenfalls etwas Unmögliches verlangen. Es hat einen Grund, daß Sie Hemmungen haben, ebenso wie es einen Grund hat, daß Sie seelische Probleme haben.

Alles ist so, wie es ist, weil in der Vergangenheit alles dafür getan wurde, daß es so und nicht anders ist.

Nichts existiert, ohne daß es hierfür einen Grund gibt. Das nennt man das Ursache-Wirkungs-Prinzip. Wenn Sie einen glühendheißen Ofen berühren, dann verbrennen Sie sich die Finger. Warum ist der Ofen glühendheiß? Weil ihm jemand mächtig eingeheizt hat. Warum hat ihm jemand eingeheizt? Weil es ihm vielleicht kalt war. Warum haben Sie auf den heißen Ofen gelangt? Weil Sie unvorsichtig waren. Und warum waren Sie unvorsichtig? Weil Sie vielleicht in Gedanken woanders waren. Und warum waren Sie in Gedanken woanders?

Wir könnten dieses Spiel beinahe endlos bis zu Adam und Eva fortsetzen. Ich will Ihnen damit folgendes klarmachen. Es bringt nichts, sich darüber zu grämen, daß man etwas so und nicht anders gemacht hat. Es bringt nichts, von sich zu verlangen, man müßte anders sein, als man ist. Dadurch ändert sich absolut nichts. Das einzige, was wir dadurch erreichen, ist, daß wir uns schlechte Gefühle machen.

Es gibt jedoch eines, was wir tun können. Wir können uns unsere Fehlerhaftigkeit verzeihen. Wir können sagen:

„Ich wünschte, ich hätte mich anders verhalten können. Schade, daß es nicht geklappt hat. Ich werde versuchen, es das nächste Mal besser zu machen. Das gelingt mir am besten, wenn ich mir verzeihe, daß ich Mist gebaut habe. Ich werde jetzt meinen Fehler untersuchen und mich darum bemühen, ihn in Zukunft zu vermeiden."

Selbstsicheres Verhalten setzt selbstsicheres Denken voraus

Ich habe Sie bereits aufgefordert, einige der Aufgaben (wieder) an sich zu reißen, die Sie aufgrund Ihrer seelischen und körperlichen Verfassung an andere abgegeben haben. Ich habe Sie gebeten, es anderen zu sagen, wenn Sie verärgert sind. Wenn Sie das tun, machen Sie schon einen mächtigen Schritt in ein depressionsfreies Leben. Aber es gibt noch viele Schlachten zu gewinnen. Vor allem müssen Sie in vielen Bereichen Ihres Lebens noch selbstsicherer werden.

Ein erster Schritt hin zu diesem Ziel ist, daß Sie Ihr selbstunsicheres Denken durch ein selbstbewußtes Denken ersetzen. Schauen wir uns einmal einige selbstunsichere Gedanken an.

„Was wird er von mir denken, wenn ich ... ?"
„Das gehört sich nicht."
„Das ist egoistisch."
„Niemand nimmt mich für voll."
„Wer bin ich schon, daß ich ..."
„Ich habe es nicht verdient, daß ..."
„Ich habe nichts vorzuweisen."
„Die anderen sind alle besser, klüger, ..."

Kommen Ihnen diese Gedanken vertraut vor? Ich glaube schon. Diese Gedanken drücken alle eines aus: Sie haben von sich eine ganz geringe Meinung, und weil Sie sich Ihrer unsicher sind, verhalten Sie sich auch unsicher und können nicht selbstbewußt auftreten.

Wenn Sie also lernen möchten, selbstsicher aufzutreten - und das müssen Sie, wenn Sie Ihre Depressionen für immer vertreiben wollen -, dann beginnen Sie bei der Meinung, die Sie von sich haben. Ich weiß, das ist eine harte Nuß, denn im Moment sind Sie mehr denn je davon überzeugt, daß nichts mit Ihnen los ist und Sie ein absoluter Versager sind.

Trotzdem und gerade deshalb ist es für Sie wichtig, daß Sie Ihr Image aufmöbeln, daß Sie anders von sich denken. In dem Maße, in dem Sie sich eine bessere Meinung von sich zulegen, in dem Maße werden auch Ihre seelischen Tiefs abnehmen. Ihr Selbstbild und Ihre depressiven Verstimmungen hängen nämlich eng zusammen. Lesen Sie deshalb ganz besonders intensiv das Kapitel 8, in dem es um selbstabwertende Gedanken geht und in dem ich Ihnen zeige, wie Sie lernen können, sich selbst mehr anzunehmen.

Wenn Sie anders von sich denken,
dann werden Sie sich auch besser fühlen,
und Sie werden das notwendige Selbstvertrauen haben,
um selbstbewußter aufzutreten.

Wenn mangelndes Selbstbewußtsein ein großes Problem von Ihnen ist, dann empfehle ich Ihnen mein Buch <Laß Dir nicht alles gefallen>. Es ist ein Trainings-Programm zum Erlernen selbstbewußten Verhaltens.

Was möchte ich mir von diesem Kapitel merken?

1. _____

2. _____

3. _____

4. _____

5. _____

11
Unlust, aktiv zu werden,
und was Sie dagegen tun können

Ein Kennzeichen depressiver Menschen ist, daß sie sich von ihrer Umwelt zurückziehen und viele der Tätigkeiten aufgeben, die sie vorher ausgeübt haben. Dieser Rückzug ist ganz verständlich. Wenn es einem schlecht geht, dann verspürt man keine große Lust, auf Parties zu gehen, sich mit anderen Menschen zu treffen oder sich zu unterhalten. Das alles macht einem nur schmerzlich bewußt, daß es einem schlecht und den anderen gut geht. Dadurch, daß einem alle Tätigkeiten schwerer von der Hand gehen und man sich ständig zwingen muß, etwas zu tun, gibt man viele Tätigkeiten auf - und damit auch viele Quellen der Befriedigung.

In diesem Kapitel wollen wir uns anschauen, warum es sehr wichtig ist, daß Sie (wieder) aktiver werden, und ich werde Ihnen zeigen, wie Sie langsam, aber stetig, wieder am Leben teilnehmen können - auch wenn Ihnen nicht danach zumute ist und Sie lieber Ihrem Gefühl folgen würden, nichts zu tun. Sie müssen sich also über Ihre Gefühle der Unlust und Trägheit hinwegsetzen und so tun, als ob es Ihnen schon gutginge.

Ein ganz wichtiger Bestandteil jeder Therapie depressiver Verstimmungen ist, daß Sie langsam aber stetig beginnen, wieder am Leben teilzunehmen. Am Anfang kommt es dabei weniger darauf an, wie gut Sie etwas machen, als vielmehr, daß Sie etwas tun. Es geht nicht um die erfolgreiche Erledigung einer Aufgabe, sondern darum, daß Ihre Stimmung sich bessert, wenn Sie aktiv werden.

5 gute Gründe, wieder aktiver zu werden

1. Je aktiver Sie sind, d.h. je mehr Sie sich auf eine Aufgabe konzentrieren, umso weniger haben Sie die Möglichkeit, in negativer Weise über sich und Ihr Leben nachzudenken.

2. Je aktiver Sie sind, umso mehr Energie und Antrieb verspüren Sie. Umgekehrt fühlen Sie sich umso schlapper und antriebsloser, je weniger Sie tun. Je passiver Sie sind, umso schlechter ist Ihre Stimmung. Richtig?

3. Je aktiver Sie sind, umso mehr werden Sie feststellen, daß viele Ihrer Gedanken völlig aus der Luft gegriffen sind. Wenn Sie denken, etwas nicht zu schaffen oder nicht zu können, und Sie geben sich trotzdem eine Chance, dann werden Sie oft feststellen, daß Sie sich selbst mal wieder etwas unterstellt haben, was gar nicht stimmt.

4. Je aktiver Sie sind, umso mehr wird sich Ihre Stimmung bessern und umso größer wird Ihr Zutrauen zu sich und Ihren Fähigkeiten.

5. Je mehr Sie tun, umso mehr verspüren Sie Lust, etwas zu unternehmen und wieder am Leben teilzunehmen.

Negative Gedanken, die Sie daran hindern können, aktiv zu werden

Bei dem Gedanken, etwas zu erledigen oder eine Aufgabe in Angriff zu nehmen, kommen Ihnen sicherlich Gedanken in den Kopf wie:
„Das bringt doch nichts."
„Das schaffe ich nicht."
„Das ist zu anstrengend."
„Mir ist nicht danach."
„Ich bin zu schwach."
„Erst muß es mir besser gehen, dann kann ich auch wieder aktiver werden."
„Ich sehe keinen Sinn darin, aktiv zu werden."

Sind das hilfreiche Gedanken? Entsprechen diese Gedanken den Tatsachen? Was meinen Sie?
Nein. Es sind negative Gedanken, die zwar sehr verständlich sind und die jeder depressive Mensch hat, aber es sind auch Gedanken, mit denen Sie sich schaden, da sie Sie davon abhalten, etwas für die Bes-

serung Ihrer Stimmung zu tun.

Hören Sie deshalb nicht auf diese Gedanken und folgen Sie ihnen nicht. Setzen Sie sich über diese Gedanken hinweg, auch wenn sie Ihnen sehr glaubhaft vorkommen, auch wenn Sie das Gefühl haben, daß es nichts bringt, aktiv zu werden, oder Sie befürchten, der Aufgabe nicht gewachsen zu sein. Geben Sie sich eine Chance, sich vom Gegenteil zu überzeugen. Wenn Sie beginnen, trotz dieser negativen Gedanken aktiv zu werden, dann werden Sie sehr schnell merken, daß sie nicht den Tatsachen entsprechen.

Halten Sie Ihren negativen Gedanken folgende hilfreichen Gedanken entgegen:

„Ich werde es probieren, und dann werde ich schon sehen, ob ich recht habe oder nicht. Auch wenn mir nicht danach zumute ist, kann ich trotzdem etwas tun. Ich kann nur gewinnen."

Tun Sie gerade das Gegenteil von dem, was Ihnen Ihre Gefühle zu raten scheinen. Wenn Sie keine Lust haben, aufzustehen, dann tun Sie es. Wenn Ihnen nicht danach ist, einen Spaziergang zu machen, dann machen Sie einen. Wenn Sie sich am liebsten unter der Bettdecke verkriechen würden, dann werden Sie aktiv. Erlauben Sie also Ihren negativen Gefühlen nicht, Ihr Leben zu kontrollieren. Übernehmen Sie die Kontrolle und setzen Sie sich über Ihre negativen Gefühle hinweg.

„Aber wenn mir doch alles wie ein unbezwingbarer Berg erscheint?"

Wenn man depressiv ist, dann ist einem alles zuviel. Man neigt dazu, alles als ein unüberwindliches Hindernis anzusehen. Man überschätzt die Schwierigkeiten und gleichzeitig unterschätzt man seine eigenen Fähigkeiten, mit diesen Schwierigkeiten fertig zu werden.

Ich kann Ihnen jedoch versichern, daß Sie vielen Aufgaben gewachsen sind - auch wenn Ihnen im Moment das Selbstvertrauen fehlt und Sie nicht so recht daran glauben können. Es gibt nur einen Weg, herauszufinden, ob Sie tatsächlich für etwas zu schwach sind: Sie müssen es tun. Um sich aber vom Gegenteil überzeugen zu können, müssen Sie sich erst einmal die Chance dazu geben, und das bedeutet, daß

Sie sich sagen: „Ich probiere es und dann werde ich sehen, ob ich recht habe oder nicht".

„Ist das nicht ein Widerspruch zu Kapitel 7, wo es hieß, ich solle mich schonen und nicht überfordern?"

Scheinbar ja. In Kapitel 7 ging ich jedoch auf Ihre Neigung ein, sich zu überfordern. Es ging dort um Forderungen von Ihnen, wie etwa sich über gewisse Dinge freuen können zu müssen oder Ihre Arbeit genausogut erledigen können zu müssen wie früher. Wenn ich sage <Werden Sie aktiv und hören Sie nicht auf Ihr Gefühl, daß alles zu viel und zu schwer ist> dann meine ich damit Aktivitäten wie etwa das Aufstehen, Spazierengehen oder ins Kino gehen. Diese Aktivitäten sind von Ihnen zu bewältigen - ohne daß Sie sich überfordern.

Wenn Sie beschließen würden, täglich zu joggen, dann würden Sie die ersten Male nicht sehr weit kommen. Es würde Ihnen sehr schnell die Puste ausgehen. Mit jedem Tag mehr, den Sie jedoch trainieren würden, würde sich auch Ihre Ausdauer und Leistungsfähigkeit verbessern. Sie könnten weiter laufen und hätten einen längeren Atem. So ist das auch, wenn Sie beginnen, aktiver zu werden. Am Anfang fühlen Sie sich sehr schnell erschöpft. Doch mit jeder kleinen Aufgabe, die Sie erledigen, wächst Ihre Ausdauer und Ihre Energie.

Haben Sie also Geduld mit sich. Einen Berg besteigt man Meter für Meter. Wenn man außer Atem ist, macht man eine kleine Pause. Sie müssen den Berg nicht an einem Tag und nicht an 30 Tagen besteigen. Sie haben Zeit. Nehmen Sie Rücksicht auf Ihre angeschlagene seelische und körperliche Verfassung und legen Sie öfter kleine Pausen ein.

Die längste Reise beginnt mit dem ersten Schritt. Setzen Sie einen Schritt vor den anderen, und Sie werden Ihre Depressionen überwinden.

Zerlegen Sie Ihre Arbeit in handliche Portionen

Statt sich vorzunehmen, die ganze Wohnung auf den Kopf zu stellen und alles gründlich durchzuputzen, sollten Sie sich für heute nur ein Zimmer vornehmen, und wenn Ihnen das noch zuviel erscheint, dann nehmen Sie sich nur den Fußboden vor oder wischen nur Staub.

Statt alle liegengebliebenen Briefe auf einmal zu beantworten, sollten Sie heute nur einen und morgen einen, usw. beantworten. Statt einen Spaziergang von einer Stunde zu machen, sollten Sie vielleicht nur einmal 15 Minuten laufen und nach den 15 Minuten entscheiden, ob Sie noch ein Stück weiter gehen oder umkehren wollen.

Es geht also darum, daß Sie Aufgaben, die Ihnen wie ein unüberwindlicher Berg erscheinen, in kleine Teilaufgaben zerlegen. Die Anonymen Alkoholiker haben eine sehr hilfreiche Lebenseinstellung: „Nur heute will ich trocken bleiben". Es ist viel einfacher, sich vorzunehmen, nur heute nichts zu trinken, als sich zu sagen: „Ich werde nie mehr etwas trinken". Sie können sich diese weise Lebenseinstellung zunutze machen, indem Sie sich sagen:

„Ich mache soviel ich kann. Morgen ist auch ein Tag. Ich werde sehen, wie weit ich komme. Wenn ich erschöpft bin, gestatte ich mir, mich so lange auszuruhen, bis ich wieder bei Kräften bin. Ich muß heute nicht alles erledigen."

Erstellen Sie sich einen Aktivitätenplan

Machen Sie sich am Vorabend jeden Tages eine Liste von den Aufgaben, die Sie am nächsten Tag erledigen wollen. Schreiben (!) Sie auf, welche Arbeiten und Aufgaben Sie sich zu welcher Uhrzeit vornehmen möchten. Haben Sie eine Aufgabe erledigt, dann machen Sie dahinter einen Haken (√). Nehmen Sie sich für den nächsten Tag auch Dinge vor, die Ihnen, wenn auch nur gering, etwas Spaß oder Freude machen. Möglicherweise sind Sie nun spontan versucht zu sagen, daß Sie an gar nichts mehr Freude haben. Trotzdem bin ich sicher, daß es Dinge gibt, die Ihnen noch ein klein wenig Freude machen. Denken Sie darüber nach. Was tut Ihnen gut? Bei welcher Tätigkeit fühlen Sie sich ein klein wenig besser?

„Warum aufschreiben? Das weiß ich doch auch so."

Das Aufschreiben und Abhaken erfüllt einen wichtigen Zweck. Sie sehen so schwarz auf weiß, was Sie erledigt haben, und daß Sie etwas getan haben. Das ist wichtig, da Sie vermutlich wie die meisten meiner depressiven Patienten dazu neigen, nie das Erreichte zu sehen, dafür aber umso eher das, was Sie (noch) nicht erreicht haben. Außerdem werden Sie ein gutes Gefühl verspüren, wenn Sie hinter eine Aufgabe einen Haken machen können.

Geben Sie Ihr Bestes, verlangen Sie aber nicht von sich, alles auf Ihrer Liste erledigen zu müssen.

Wenn Sie etwas auf Ihrer Liste nicht erledigt haben, sei es, weil Sie Ihren negativen Gedanken und Gefühlen nachgegeben haben, oder aber weil etwas Unvorhergesehenes dazwischen gekommen ist, dann notieren Sie sich diese Aufgabe für den nächsten Tag erneut. Es geht nicht darum, daß Sie sich sklavisch an Ihren Plan halten, komme was wolle. Dieser Plan soll Ihnen lediglich helfen, Ihren Alltag und damit Ihr Leben wieder ein wenig mehr zu strukturieren.

Loben Sie sich, wenn Sie sich aufgerafft haben, etwas in Angriff zu nehmen, was Ihnen schwerfiel. Das verbessert Ihre Stimmung, wenn Sie sich diese nicht kaputtmachen durch Gedanken wie:
„Früher habe ich viel mehr gemacht."
„Das ist doch nichts Besonderes. Früher habe ich das mit links gemacht."
„Andere können das auch. Das ist nichts Besonderes, wofür ich mich loben kann."

Es mag sein, daß Sie früher viel mehr und mit viel größerer Leichtigkeit bewältigt haben. Aber früher ging es Ihnen auch besser, und wenn es einem besser geht, dann ist man leistungsfähiger. Heute sind

Sie jedoch depressiv und mit einer so schlechten körperlichen und seelischen Verfassung kann man nicht so handeln, als ginge es einem gut.

Mit einem gebrochenen Bein kann man nicht so schnell und sicher laufen wie mit einem gesunden. So ist das auch mit Ihren Depressionen. Gemessen an Ihrer momentanen Verfassung ist jede noch so kleine Aktivität eine besondere und lobenswerte Leistung. Sind Sie bereit, das auch so zu sehen?

Weil Sie quasi ein „krankes Bein" haben, ist es wichtig, daß Sie sich nicht überfordern, indem Sie von sich verlangen „Ich sollte ... können". Nehmen Sie Rücksicht auf Ihren Gesundheitszustand. Sie werden wieder so viel leisten können wie früher, wenn es Ihnen besser geht. Bis dahin aber haben Sie mit sich Geduld.

Beispiel für einen Aktivitätenplan

Ingeborg, eine Patientin von mir, brachte folgenden Plan in eine der Stunden mit.

Montag

Uhrzeit	Aktivität
7 - 8	aufstehen, frühstücken
8 - 9	im Buch <Wenn das Leben zur Last wird> lesen
9 - 10	einkaufen gehen
10 - 11	Bad putzen
11 - 12	spazierengehen
12 - 13	kochen
13 - 14	ausruhen, Musik hören
14 - 16	Wohnzimmer aufräumen
17 - 18	im Buch <Wenn das Leben zur Last wird> lesen
18 - 19	Abendessen
19 - 20	Zeitschrift lesen, Brief schreiben
21 - 22	Fernsehen
22	im Buch <Wenn das Leben zur Last wird> lesen

Ganz wichtig bei der Planung eines Tages ist, daß Sie nicht nur Aufgaben eintragen, die „gemacht werden müssen", sondern auch solche, die Ihnen eine gewisse Befriedigung geben und Ihnen Vergnügen machen.

„Ich verdiene es nicht, daß es mir gutgeht."

Ging Ihnen dieser Gedanke auch schon durch den Kopf? Ob es einem gutgeht oder nicht, ist keine Frage, ob man das verdient hat. Sie müssen nichts leisten oder Großartiges vollbringen, um sich gut fühlen zu können.

Was haben Sie früher getan, als Sie noch nicht depressiv waren?

Nehmen Sie sich einen Moment Zeit und überlegen, welche Dinge Sie im Laufe der Zeit aufgegeben haben, die Ihnen früher aber Spaß und Vergnügen bereitet haben?

Haben Sie früher Sport getrieben, Gymnastik gemacht oder sind schwimmen gegangen? Haben Sie mit einem Bekannten Schach gespielt? Haben Sie Briefmarken oder etwas anderes gesammelt? Haben Sie Arbeiten im Haus selber erledigt? Gingen Sie gerne ins Kino?

Machen Sie eine Liste von all den Dingen, die Sie aufgegeben haben, die Ihnen aber füher Spaß gemacht haben. Dann nehmen Sie diese Tätigkeiten wieder auf. Gehen Sie wieder schwimmen, auch wenn Sie überzeugt sind, es bringe nichts oder Sie seien körperlich zu schwach. Sie sollen nicht gleich 20 Bahnen schwimmen. Wichtig ist, daß Sie sich aufraffen, ins Schwimmbad gehen und schwimmen. Es ist wichtiger, daß Sie es tun, als wie gut Sie es tun.

Genauso ist es mit den anderen Tätigkeiten. Nehmen Sie die Hobbies und Tätigkeiten wieder auf, die Ihnen früher gutgetan haben. Es kommt nicht darauf an, daß Sie sich in dem Maße wie früher damit beschäftigen oder daß Ihnen diese Dinge genausoviel Spaß bereiten. Es kommt nur darauf an, daß Sie sie wieder aufnehmen.

Wenn Sie aktiv werden, dann geht es Ihnen nicht automatisch besser. Auch wenn Sie ins Kino gehen, kann es sein, daß Sie sich den Film völlig unbeteiligt anschauen und es Ihnen dabei genauso schlecht geht, als wären Sie zuhause geblieben.

Möglicherweise nehmen Sie das Nicht-Freuen-Können sogar zum Anlaß, um sich noch schlechtere Gefühle zu machen, indem Sie sich sagen: „Nichts macht mir mehr Spaß. Ich kann machen, was ich will. Ich komme da nie mehr raus".

Wenn Sie im Kino sitzen und über negative Dinge nachgrübeln, dann kann es Ihnen nicht besser gehen. Sie wissen: Sie fühlen, wie Sie denken. Der Kinobesuch kann Ihnen nur dann etwas bringen, wenn Sie sich auf den Film einlassen und mit Ihren Gedanken dabeisind. Das trifft übrigens auf alle Aktivitäten zu.

Nur wenn Sie sich auf das konzentrieren, was Sie tun, wenn Sie sich also von Ihren negativen Gedanken bewußt ablenken, dann wird es Ihnen besser gehen.

Zusammenfassung der wichtigsten Schritte

1. Machen Sie am Abend für den nächsten Tag einen Plan. Tragen Sie in diesen Plan ein, was Sie am nächsten Tag erledigen wollen, vergessen Sie dabei aber nicht, auch Tätigkeiten einzuplanen, die Ihnen ein wenig Freude machen.

2. Unterteilen Sie Aufgaben in handliche Portionen.

3. Geben Sie Ihren negativen Gedanken und Gefühlen nicht nach. Tun Sie gerade das Gegenteil von dem, wonach Ihnen zumute ist.

4. Machen Sie einen Haken hinter erledigte Aufgaben.

5. Planen Sie auch solche Tätigkeiten ein, die Ihnen Vergnügen bereiten.

Was möchte ich mir von diesem Kapitel merken?

1. _____

2. _____

3. _____

4. _____

5. _____

12
Angstgefühle
und was Sie dagegen tun können

Viele depressive Menschen quälen sich mit angstvollen Gedanken. Diese kreisen vor allem um ihren niedergedrückten Zustand und um die Zukunft. Die bange und immer wiederkehrende Frage „Komm´ ich da je wieder heraus?" beantworten sie meist mit „Ich komm´ da nie mehr raus". Die Folgen sind ängstliche Gefühle und eine körperliche Unruhe, die ihren seelischen und körperlichen Zustand noch mehr verschlechtern, die es ihnen schwermachen, sich zu entspannen, sich auszuruhen oder Schlaf zu finden.

Angstvolle Gedanken können auch um Ihren Gesundheitszustand, Ihre Schlafstörungen oder Ihre Merkfähigkeits- und Konzentrationsschwierigkeiten kreisen. Vielleicht befürchten Sie, ernsthaft Schaden an Ihrer Gesundheit zu nehmen, weil Sie „viel zu wenig schlafen", oder Sie haben Angst, verrückt zu werden. Vielleicht befürchten Sie auch, Ihre Arbeit oder Ihre Familie zu verlieren, wenn Sie noch längere Zeit depressiv sind.

Was Sie gegen diese Angst und Ihre innere Unruhe tun können

1. Achten Sie auf Ihre ängstlichen Gedanken.
Sie verspüren nur deshalb Angst, weil Sie sich ängstliche Gedanken machen. Wenn Sie Ihre Angst also lindern oder überwinden möchten, dann müssen Sie Ihre angst- und sorgenvollen Gedanken durch Gedanken der Hoffnung ersetzen. Lesen Sie sich deshalb die <Hoffnungsvollen Gedanken> aus Kapitel 3 jeden Tag durch, vor allem aber, wenn Ihre Angst um Ihre Zukunft besonders groß ist. Dieser Text macht Ihnen wieder etwas Mut und Sie werden Hoffnung schöpfen.

„Aber ich bin doch schon so lange so deprimiert,
und es ist nicht besser geworden.
Wie soll ich da Hoffnung haben?"

Die Tatsache, daß Sie schon seit Monaten, ja vielleicht schon seit
Jahren unter Depressionen leiden, bedeutet nicht, daß Sie ein hoffnungsloser Fall sind und sich Ihr Zustand nie ändern wird. Sie haben
bisher lediglich nicht gewußt, wie Sie sich selbst helfen können bzw.
haben sich bisher noch nicht den richtigen Fachleuten, d.h. Psychotherapeuten, anvertraut.

2. Analysieren Sie Ihre angstvollen Gedanken.
Schreiben (!) Sie Ihre angstvollen Gedanken auf und überprüfen Sie sie
mit Hilfe der beiden Regeln für gesundes Denken. Formulieren Sie für
jeden negativen Gedanken einen hilfreichen, den Sie sich immer dann
vor Augen halten können, wenn Sie der ängstliche Gedanke quält.

3. Machen Sie Entspannungsübungen.
Immer, wenn Ihre ängstlichen Gedanken besonders bedrängend sind
und Sie nicht abschalten können, dann sollten Sie eine kleine Atemübung machen, die Ihnen helfen kann, ruhiger zu werden.

Atemübung

Atmen Sie etwas tiefer ein als gewöhnlich. Atmen Sie in einer
Bewegung wieder aus, ohne den Atem anzuhalten. Wenn Sie
ausgeatmet haben, halten Sie Ihren Atem für ca. 6 bis 10 Sekunden an. Zählen Sie die Sekunden, indem Sie langsam in Gedanken sagen: „Eins, zwei, drei ....". Nach diesen 6 bis 10 Sekunden
atmen Sie wieder ein und atmen wiederum, ohne den Atem anzuhalten, in einer Bewegung aus. Erst jetzt halten Sie den Atem
wieder für 6 bis 10 Sekunden an.

Wiederholen Sie diese Atemübung für 2 bis 3 Minuten bzw. solange, bis Sie das Gefühl haben, etwas ruhiger zu sein.

4. Lenken Sie sich ab.
Wenn Ihre ängstlichen Gedanken besonders bedrängend sind und Sie

sich nicht mehr zu helfen wissen, dann verlassen Sie Ihre Wohnung und gehen spazieren oder rufen jemanden an, mit dem Sie sich unterhalten können. Sprechen Sie mit dem Betreffenden jedoch nicht über Ihr Befinden. Sprechen Sie mit ihm über alles, nur nicht darüber, wie es Ihnen geht. Eine gute Art, sich abzulenken, ist auch, sich körperlich zu betätigen. Haben Sie ein Fahrrad? Dann schwingen Sie sich darauf und treten für einige Zeit fest in die Pedale. Verausgaben Sie sich so richtig.

„Mir ist nicht danach, spazierenzugehen oder Fahrrad zu fahren. Ich fühl´ mich so müde und träge."

Bedenken Sie bitte: Wenn man deprimiert ist, dann verkriecht man sich am liebsten unter der Bettdecke. Jede Form von Aktivität erscheint einem zuviel. Gerade aber, wenn man deprimiert ist, ist es sehr wichtig, daß man nicht auf dieses Gefühl hört, sondern erst recht aktiv wird. Die Trägheit und Energielosigkeit verschwinden, wenn Sie sich aufraffen, aktiv zu werden. Das ist wie mit den Muskeln. Je weniger Sie einen Muskel beanspruchen, umso schwächer wird er. Je mehr Sie ihn trainieren, umso kräftiger wird er. Handeln Sie also entgegen Ihrem Gefühl und tun Sie etwas. Es wird Ihnen guttun.

Wenn Sie nicht schlafen können

Schlafprobleme (Einschlaf- und Durchschlafprobleme, frühes Aufwachen am Morgen) haben auch Menschen, die nicht depressiv sind. Man hat herausgefunden, daß Menschen, die darüber klagen, daß sie zu wenig schlafen oder gar nicht schlafen, Ihre Schlafprobleme überbewerten, d.h. sie schlafen mehr, als sie glauben.

Ihr Körper holt sich die Menge Schlaf, die er braucht. Wenn Sie weniger schlafen, dann ist das nicht schlimm. Sie bekommen deshalb keine ernsthaften körperlichen Probleme. Außerdem braucht Ihr Körper weniger Schlaf, wenn Sie tagsüber nicht so aktiv sind. Wenn Sie viel Zeit im Sitzen verbringen, wenn Sie sich nicht sonderlich beanspruchen, dann sind Sie ja relativ "ausgeruht" und dementsprechend schlafen Sie weniger. Je aktiver Sie sind, je mehr Sie (wieder) unternehmen, umso besser und länger werden Sie auch schlafen können.

Machen Sie jeden Abend vor dem Zubettgehen einen Spaziergang. Gehen Sie erst ins Bett, wenn Sie müde sind. Gehen Sie also nicht ins Bett, weil es dafür „Zeit ist". Statt sich im Bett unruhig hin und her zu wälzen und über negative Dinge nachzugrübeln, ist es besser, wenn Sie aufstehen und in diesem oder einem anderen Buch lesen. Sie können auch Musik hören oder sich in der Wohnung betätigen. Gehen Sie erst wieder ins Bett, wenn Sie das Gefühl haben, müde zu sein und schlafen zu können. Nehmen Sie keine Schlaftabletten. Diese verschlimmern Ihr Schlafproblem nur noch mehr, da sie den Schlafrhythmus Ihres Körpers verändern. Machen Sie Entspannungsübungen und/oder lassen sich ein pflanzliches Mittel verschreiben oder nehmen vor dem Zubettgehen ein heißes Bad.

Was möchte ich mir von diesem Kapitel merken?

1. _____

2. _____

3. _____

4. _____

5. _____

13
Merk-, Konzentrations- und Entscheidungs-
probleme und was Sie dagegen tun können

Durch Depressionen wird in der Regel auch die Fähigkeit beeinträchtigt, sich Gelesenes oder Gehörtes zu merken, sich zu konzentrieren oder Entscheidungen zu treffen. Deshalb wollen wir uns hier kurz anschauen, was es mit diesen Problemen auf sich hat und wie Sie dagegen vorgehen können.

Wenn Sie Konzentrations- und Merkfähigkeitsprobleme haben

Beim Lesen dieses Buches werden Sie sicherlich sehr oft festgestellt haben, daß Sie sich nicht auf den Text konzentrieren können, da Sie mit Ihren Gedanken bei sich und Ihren Problemen sind, oder daß Sie sich nach dem Lesen einer Seite nicht mehr daran erinnern können, was Sie gerade gelesen haben.

Das sind weit verbreitete Probleme depressiver Menschen. Das geht also nicht nur Ihnen so. Wenn man sich schwer tut, sich auf etwas zu konzentrieren, dann ist es mehr als verständlich, daß man sich die betreffende Sache schlecht merken kann. Ihre Konzentrations- und Merkfähigkeitsprobleme hängen also miteinander zusammen. Eine schlechte Konzentration bedingt immer auch eine schlechte Merkfähigkeit.

Der häufigste Grund für die Konzentrationsprobleme depressiver Menschen ist, daß sie sich sehr stark, ja geradezu zwanghaft, mit sich selbst und ihren Problemen beschäftigen. Die negativen Gedanken laufen ununterbrochen wie eine Hintergrundmusik ab und machen es ihnen schwer, sich auf etwas anderes zu konzentrieren. Diese im Hintergrund ablaufenden Gedanken sind vor allem dann sehr stark und störend, wenn man körperlich eher passiv ist, also, wenn man einfach nur dasitzt, Fernsehen schaut oder im Bett liegt.

Was Sie gegen störende und Ihre Konzentration beeinträchtigende Gedanken tun können

1. Beschäftigen Sie sich geistig oder körperlich mit etwas, was Sie fordert. Setzen Sie sich also nicht zuhause hin, ohne etwas zu tun, was Ihre Aufmerksamkeit erfordert. Werden Sie aktiv.

2. Wenn Ihre negativen Gedanken sehr massiv sind, d.h. wenn sie Sie sehr stark bedrängen, dann müssen Sie zu einem stärkeren Gegenmittel greifen. Nehmen Sie ein Gummi, das Sie sich ums Handgelenk legen. Jedes Mal, wenn Sie sich bei einem solch hartnäckigen Gedanken ertappen, schnalzen Sie mit dem Gummi. Durch den kleinen, von Ihnen erzeugten Schmerz, werden Ihre störenden Gedanken unterbrochen, und Sie werden daran erinnert, sich bewußt auf etwas anderes zu konzentrieren. Das Gummi ist natürlich nur eine Art Krücke. Auf Dauer ist das keine Lösung für Ihre negativen Gedanken. Um diese auszuschalten, müssen Sie sich mit ihnen auseinandersetzen, d.h. Sie müssen schauen, ob die Gedanken realistisch sind (mit Hilfe der beiden Regeln für gesundes Denken), und wenn nicht, sie durch hilfreiche und realistische Gedanken ersetzen.

3. Eine ähnliche Wirkung wie das Gummi kann das laute STOP-Rufen haben. So oft Sie von einem störenden Gedanken nicht loskommen, rufen Sie laut mehrmals STOP. Dadurch unterbrechen Sie den Gedanken für einen Moment. Er wird nach kurzer Zeit wiederkommen, so daß Sie dieses laute STOP-Rufen mehrmals, vielleicht sogar einige hundert (!)) Male am Tag wiederholen müssen. Im Beisein von anderen sagen Sie sich das STOP leise innerlich.

4. Gegen Ihre Merkprobleme können Sie folgendes tun: Statt einen Text wie dieses Kapitel in einem Rutsch durchzulesen, sollten Sie ihn in kleine Portionen, etwa in Absätze einteilen. Nehmen Sie sich einen Absatz nach dem anderen vor. Nach jedem Absatz halten Sie einen Moment inne und fragen sich: „Was habe ich gerade gelesen? Wieviel davon habe ich mir gemerkt?". Versuchen Sie also, den Inhalt dieses Absatzes sinngemäß zu wiederholen. Dieses Vorgehen kann Ihnen helfen, Ihre Aufmerksamkeit mehr auf den Text zu len-

ken, und die Chance ist größer, daß Sie sich das Gelesene merken.

5. Lesen Sie den Text dieses Buches oder den Text einer Zeitung laut (!). Durch das laute Vorlesen merken Sie sehr schnell, wenn Sie einen Text oberflächlich lesen. Lautes Lesen zwingt Sie, sich wirklich auf den Text zu konzentrieren. Das hilft Ihnen nicht nur, sich das Gelesene besser zu merken, Sie unterbrechen dadurch auch negative und das Lesen beeinträchtigende Gedanken. Sie schlagen also zwei Fliegen mit einer Klappe.

Wenn Sie Probleme haben, Entscheidungen zu treffen

Wenn man depressiv ist, tut man sich selbst bei alltäglichen Entscheidungen, die man früher mit links getroffen hat, schwer. Das kann schon am Morgen mit der Frage beginnen: „Was soll ich anziehen?".

Woher kommen diese Entscheidungsschwierigkeiten? In aller Regel entstehen sie dadurch, daß Sie die Bedeutung und die möglichen (negativen) Folgen der Entscheidung überschätzen. Jede Entscheidung erscheint Ihnen quasi als eine Entscheidung über Leben und Tod. Sie befürchten, Ihre Entscheidung könne entsetzliche und nicht wiedergutzumachende Folgen für Sie oder andere haben. Also verlangen Sie von sich, die absolut richtige Entscheidung treffen zu müssen.

Was aber ist die richtige Entscheidung? Können wir in die Zukunft schauen? Meist können weder Sie noch andere Menschen das im vorhinein wissen. Und überhaupt. Wer will und kann entscheiden, ob es richtig oder falsch ist, wenn Sie das blaue Kleid und nicht das rote anziehen, statt des Sauerbratens einen Schweinebraten machen, statt der Äpfel die Birnen kaufen, statt heute den Anzug morgen zur Reinigung zu bringen, usw. ?

Gibt es bei solchen Entscheidungen überhaupt ein "richtig" und "falsch"? Ich glaube nicht. Man muß einfach eine Entscheidung treffen und kann sich jederzeit wieder umentscheiden, je nach Lust und Laune und ohne, daß es weitreichende negative Folgen hätte. Stimmen Sie mir zu, daß es bei solchen Entscheidungen nicht um Leben oder Tod geht? Dann lassen Sie uns anschauen, wie Sie sich bei solch alltäglichen Entscheidungen verhalten können.

Wie Sie sich bei kleinen und alltäglichen Entscheidungen verhalten können

1. Es gibt eine sehr einfache und wirkungsvolle Entscheidungshilfe: Gehen Sie nach dem Alphabet vor. Wenn Sie sich fragen „Soll ich das blaue oder rote Kleid anziehen?", dann ziehen Sie das blaue an. Wenn Sie sich unsicher sind, ob Sie heute oder morgen einkaufen gehen sollen, dann tun Sie es heute. Gehen Sie bei Ihren Entscheidungen also nach dem Alphabet und ergreifen die Alternative, die zuerst im Alphabet kommt.

Wichtig

Diese Art, Entscheidungen zu treffen, sollten Sie allerdings nur bei solch alltäglichen Angelegenheiten anwenden. Wenn es sich um wirklich weitreichende und Ihre Zukunft beeinflussende Entscheidungen (Arbeitsplatzwechsel, Wohnungswechsel, Trennung vom Partner, usw.) handelt, dann sollten Sie anders vorgehen. Solche Entscheidungen sollten Sie im Moment überhaupt nicht treffen. Warten Sie damit, bis es Ihnen entscheidend besser geht und Sie das Gefühl haben, wieder mehr Kontrolle über sich und Ihr Leben zu haben.

Was möchte ich mir von diesem Kapitel merken?

1. _____

2. _____

3. _____

4. _____

5. _____

Einige Worte zum Abschied

Liebe Leserin, lieber Leser,

wir sind am Ende unseres gemeinsamen Weges angekommen. Ich weiß, daß noch viele Fragen und Probleme von Ihnen offengeblieben sind. Ich weiß, daß Sie noch Probleme haben, auf die ich in diesem Buch nicht eingegangen bin, und ich weiß, daß Sie sich nun alleingelassen fühlen und der schwierigste Teil erst noch kommt: Sie müssen das Gelesene auf sich und Ihre Probleme anwenden.

Wenn es Ihnen wie den meisten Menschen geht, dann wird es Ihnen mal besser und mal schlechter gelingen, das Gelesene auf sich und Ihre Probleme anzuwenden. Das liegt nicht daran, daß Sie zu dumm sind oder bei Ihnen die Methoden der Kognitiven Verhaltenstherapie nicht anwendbar sind. Nein. Der Grund hierfür ist ein anderer: Um mit Hilfe eines Buches seine Probleme überwinden zu können, bedarf es mehr als nur des guten Willens. Man braucht außerdem u.a. Ausdauer, Geduld und die Fähigkeit, bei auftretenden Schwierigkeiten weiterzumachen. Wenn man depressiv ist, dann ist man jedoch nicht sehr geduldig. Man neigt sehr rasch dazu, die Flinte ins Korn zu werfen und die Schuld für das Versagen bei sich zu suchen.

Ich möchte jedoch, daß Sie folgendes wissen: Gleichgültig wieviele Probleme Sie haben, das Gelesene auf sich anzuwenden, gleichgültig wie depressiv Sie sind, Sie haben die Fähigkeit, Ihre Depressionen zu überwinden - wenn nicht mit diesem Buch, dann mit der Hilfe eines erfahrenen Therapeuten.

Glauben Sie mir: Die moderne Psychotherapie und insbesondere die Kognitive Verhaltenstherapie können auch Ihnen helfen. Es gibt einen Weg aus Ihrem Dunkel ans Licht, auch wenn Sie diesen Weg noch nicht sehen können oder Sie sich und die Hoffnung aufgegeben haben. Fassen Sie sich ein Herz und nehmen Sie die Hilfe anderer in Anspruch, wenn Sie merken, daß Sie mit diesem Buch nicht weiterkommen. Es gibt Hoffnung, auch für Sie.

Bertrachten Sie dieses Buch als einen Freund, als einen Wegbegleiter durch schwere Stunden. Ziehen Sie ihn zu Rate, wenn Sie die Hoffnungslosigkeit überfällt und das Licht hinter düsteren Wolken verschwindet.

Ich bin schon sehr zufrieden, wenn Sie aufgrund dieses Buches wieder Hoffnung schöpfen und Sie sich an einen Therapeuten wenden. Wenn mir das gelungen ist, dann habe ich viel erreicht. Wenn Sie mir schreiben, mir Ihre Erfahrungen mit diesem Buch mitteilen oder mich um Rat fragen möchten, dann finden Sie meine Anschrift im Therapeutenverzeichnis.

Solange Sie sich selbst nicht aufgeben, sind Sie nicht verloren.

Ich wünsche Ihnen alles Liebe und die Kraft, Ihr Leben zum Besseren zu wenden.

Ihr

Suchen Sie fachliche Beratung und Unterstützung?

Wenn Sie nach dem Lesen dieses Buches den Rat und die Hilfe eines Diplom-Psychologen in Anspruch nehmen möchten oder wissen möchten, wo sich in Ihrer Nähe eine Selbsthilfe-Gruppe befindet, dann schreiben Sie uns. Sie erhalten von uns dann eine Liste mit Anschriften von Personen und Organisationen, an die Sie sich wenden können.

Wichtig! Schicken Sie uns bitte einen an Sie adressierten und mit DM 2,- frankierten Briefumschlag. Wenn Sie in einer ländlichen Gegend oder einem kleinen Ort leben, teilen Sie uns bitte die nächstgrößeren Städte mit.

PAL Verlagsgesellschaft
Am Oberen Luisenpark 33 • 68165 Mannheim
Tel.: 0621-415741 • Fax 0621-415101

Die Lebenshilfe-Bibliothek
erfahrener Therapeuten

Verschenktexte

Doris Wolf/Rolf Merkle
**Verschreibungen zum
Glücklichsein**
ISBN 3-923614-04-7

Doris Wolf/Rolf Merkle
**Kraftquellen für
den Alltag**
ISBN 3-923614-51-9

Shad Helmstetter
**Anleitung zum
Positiven Denken**
ISBN 3-923614-28-4

Rolf Merkle
**Auch Du kannst mehr
aus Deinem Leben machen**
ISBN 3-923614-16-0

Start in ein neues Lebensgefühl

Schenken Sie uns 5 Minuten Ihrer Zeit?

Liebe Leserin, lieber Leser,

um Sie und andere Leser auch in Zukunft optimal unterstützen zu können, benötigen wir Ihre Mithilfe. Beantworten Sie bitte die nachfolgenden Fragen. Ihre Antworten sollen uns helfen, unsere Bücher noch mehr auf die Wünsche und Bedürfnisse unserer Leser abzustimmen. **Am Ende jedes Monats verlosen wir unter allen Einsendern dieses Fragebogens 10 Dankeschön-Preise (Telefonkarten unseres Verlages, Postkarten mit positiven Gedanken, usw.) Ein Anspruch auf einen bestimmten Gewinn besteht nicht. Der Rechtsweg ist ausgeschlossen.**

1. Welches Buch haben Sie gelesen? Bitte Titel angeben.

2. Was gefällt Ihnen am besten daran?

3. Was stört Sie am meisten?

4. Was könnte man Ihrer Meinung nach verbessern?

5. Ist der Text so gestaltet, daß man ihn gut lesen kann?

6. Was hat Ihnen am meisten geholfen?

7. Kennen Sie ein anderes Buch zum gleichen Thema, das Ihnen mehr geholfen hat bzw. besser gefällt? Wenn ja, bitte Titel und Autor nennen.

8. Benötigen Sie noch weitere Hilfestellungen? Wenn ja, welcher Art?

9. Wie oder durch wen sind Sie auf dieses Buch gestoßen?

10. Würden Sie ein Seminar zu dem Thema dieses Buches besuchen, wenn es vom Autor dieses Buches angeboten würde?

Trennen Sie diese Seite bitte aus dem Buch heraus und schicken sie an uns.

Vorname .... Name ....

Straße ....

PLZ/Ort ....

Ihre Angaben werden streng vertraulich behandelt und dienen nur der Verbesserung unserer Bücher. Nach Auswertung wird dieser Fragebogen vernichtet.

PAL Verlagsgesellschaft • Am Oberen Luisenpark 33 • 68165 Mannheim
Tel.: 0621-415741 • Fax: 0621-415101